JN279712

ファイナンス・ライブラリー 8

市場リスクとデリバティブ

みずほ情報総研
安岡孝司 著

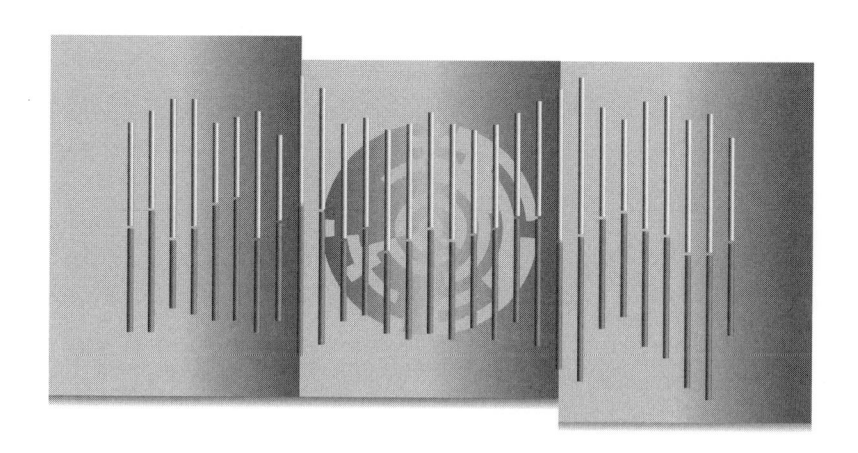

朝倉書店

まえがき

　本書は市場リスクとそれに関するデリバティブについての概要をまとめた入門書である．デリバティブといっても先物取引のように古くからあるものや，スワップやオプションのように比較的新しいものまでさまざまである．中でもオプションの価格付け理論は90年代には金融技術の花形としてもてはやされたこともあり，一部のスペシャリストに限られた特殊な世界のイメージがあった．
　近年では，金利上限付きの変動金利住宅ローンのように，オプションが内在された金融商品が個人に利用されるところまで拡がっている．その要因としては，国内の金融市場の発展や大手金融機関において市場リスクの管理手法がほぼ確立されたということが最も重要である．もちろん，情報技術の発達や，専門教育の充実に伴う人材の供給といった面からの貢献も大きい．
　デリバティブに関わる業務領域の拡大によって，これを扱う金融機関の裾野が拡がり，さまざまな立場でこの業務に関わる人々が増えてきている．したがって，オプション理論などの金融工学を理解しておけば，より専門的な業務にチャレンジすることもできるし，新たなビジネスを産み出すことも期待できる．ところがオプション理論を本格的に学ぶには確率過程論の学習が不可欠であり，これが多くの人にとって困難な障壁になっているのが実状である．もちろん，業務でデリバティブを扱う際に，限られた時間の中でそこまで遡って学ぶ必要があるとは思えない．そこで，金融機関の市場業務やリスク管理に関わろうとする人が効率的に金融技術の全体像を把握できるよう，デリバティブの価格計算の方法を国内金融市場の様子と絡めてコンパクトにまとめてみたいというのが本書の狙いである．
　上のような理由から，本書は基礎的な数学の知識だけでブラック–ショールズ

のオプション公式を導く方法をとっている．また個々のデリバティブ商品を以下の三つの観点から考察し，デリバティブの価格付けの考え方と実際の業務との関係を概観できるようにしたつもりである．

　1) 金融リスクを回避するためのデリバティブの活用
　2) デリバティブの価格評価，リスク管理手法
　3) デリバティブの取引に関わる金融市場の状況

　1) は法人などの財務管理の立場からデリバティブをどのように利用して金融リスクを回避するのか，といったリスク回避のニーズの側面を解説するものである．2) はデリバティブ取引を介してリスクをとった金融機関が，そのリスクを加工・移転する仕組みについて説明するものである．そして 3) はリスク移転の仕組みの中で金融市場が担っている役割をみるためのものである．金融市場の状況をみることはオプションモデルの妥当性や限界を知るためにも重要であり，事実，市場データは何よりも生きた知見を与えてくれるのである．

　本文中で実際の金融商品について説明する際に気がかりだったのは，さまざまな先物や上場オプションのうち，特定の商品しか取り上げられなかったことである．本来なら，できる限り多くの金融取引所の商品を平等に網羅的に扱うのが理想だが，本書の性格上一部の商品についてのみ記述・考察するに留めている．その選定について特別な意図が含まれていないことを断っておきたい．

　本書をまとめるにあたり，みずほコーポレート銀行の片岡之総氏をはじめ，同行でデリバティブ業務に関わる多くのスタッフからさまざまな助言をいただいたことを感謝申し上げたい．そして筆者が所属するみずほ情報総研の金融技術専門チームのスタッフ達との議論や協力によって，筆者の力量以上の内容に書けたことを述べておきたい．また，本書のドラフトを使って芝浦工業大学大学院工学マネジメント研究科で講義をした際に，学生達の素朴な疑問や陥りやすいミスを実感することができた．この経験によって，より広範な人々に理解しやすい内容に近づけられたのではないかと考えている．そして朝倉書店の企画・編集の方々には構想の段階から長く見守っていただいたことを感謝したい．

　2005 年 5 月

安 岡 孝 司

目　　次

1. 金融リスク ·· 1
   1.1 市場の値動き ·· 1
   1.2 金融リスク ·· 3
   1.3 金融派生商品とリスク管理 ····································· 7

2. 金融先物および先渡 ··· 8
   2.1 金利の基礎事項 ··· 8
      2.1.1 LIBOR ·· 8
      2.1.2 金利と割引率 ·· 10
      2.1.3 国債価格と金利 ··· 13
   2.2 先 物 契 約 ·· 15
      2.2.1 株価指数先物 ·· 16
      2.2.2 金 利 先 物 ·· 18
      2.2.3 債 券 先 物 ·· 20
   2.3 先 渡 契 約 ·· 22
      2.3.1 為 替 予 約 ·· 22
      2.3.2 フォワード為替 ··· 24
   2.4 先渡価格と先物価格 ·· 26

3. オプション ·· 28
   3.1 オプションとその価値 ··· 28
   3.2 オプションの種類 ··· 31

目次

3.3 上場オプション 33
- 3.3.1 株価指数オプション 33
- 3.3.2 その他の上場オプション 35
- 3.3.3 オプションの投資取引の例 35

4. オプションの価格付け理論 39
4.1 資産価格の挙動 39
- 4.1.1 市場が満たす条件 39
- 4.1.2 裁定取引の例 41
- 4.1.3 株価変動の要因とモデル化 43
- 4.1.4 市場データによる資産価格の挙動分析 46

4.2 二項モデルによるオプション価格 51
- 4.2.1 一期間二項モデル 51
- 4.2.2 一期間二項モデルの計算例 56
- 4.2.3 多期間二項モデル 58

4.3 ブラック–ショールズ・モデル 61
- 4.3.1 多期間モデルの極限:ブラック–ショールズ公式 61
- 4.3.2 ブラック–ショールズ・モデルのリスク指標 68
- 4.3.3 インプライド・ボラティリティとリスク評価 75
- 4.3.4 オプション・ポートフォリオのリスク評価 78
- 4.3.5 デルタ・ヘッジの例 80
- 4.3.6 ま と め 83

5. 金利スワップ 85
5.1 金利スワップ 85
- 5.1.1 金利スワップの概要 85
- 5.1.2 フォワード・レートとスワップ金利 90
- 5.1.3 スワップの現在価値とリスク評価 95

5.2 フォワード・スワップ 96
5.3 金利スワップ先物 98

6. 金利オプション ……………………………………………… 101
6.1 先物オプションの価格 ……………………………………… 101
6.1.1 配当のある株式のオプション価格 ……………… 101
6.1.2 先物オプションの価格 …………………………… 103
6.2 金利キャップ・フロア ……………………………………… 104
6.2.1 キャップ・フロアについて ………………………… 104
6.2.2 キャップ・フロアの価格 ………………………… 108
6.2.3 キャップ・フロアのボラティリティと市場取引 … 111
6.3 スワプション ………………………………………………… 113
6.3.1 スワプションの概要 ………………………………… 113
6.3.2 ヨーロピアン・スワプションの価格 ……………… 115
6.3.3 繰り上げ償還権付社債 ……………………………… 121
6.4 デリバティブ・ポートフォリオのリスク管理 …………… 125
6.5 金利期間構造モデルの概要 ………………………………… 129

A. 付 録 ………………………………………………………… 132
A.1 確率論の基礎用語 …………………………………………… 132
A.1.1 株価のランダム・ウォーク ………………………… 132
A.1.2 株価変動と確率過程 ………………………………… 134
A.1.3 標準正規分布について ……………………………… 137
A.2 ブラック–ショールズ公式について ……………………… 138
A.2.1 ブラック–ショールズ公式の導出 ………………… 138
A.2.2 デルタの導出 ………………………………………… 141
A.3 インプライド・ボラティリティの算出 …………………… 142
A.3.1 2分法とニュートン法 ……………………………… 143
A.3.2 セカント法 …………………………………………… 145

演習の解答例 ………………………………………………………… 147
文　　献 ……………………………………………………………… 155
索　　引 ……………………………………………………………… 159

1

金融リスク

1.1 市場の値動き

　金融工学で扱う基本的な資産は，株式，債券 (公社債)，為替などである．そこで，金融市場を債券，株式，為替の3市場としてとらえ，これらの動きの相対的な関係について簡単に整理しておきたい．

　これらの市場の動きをおおまかにみるために，資金がどこからどこへ移動したかという観点で考えてみよう．すると，資金が流出した市場の資産価格は全体的に下がり，流入した市場の資産価格は上昇すると考えることができる．以下にその代表的なパターンを示す (図1.1)．

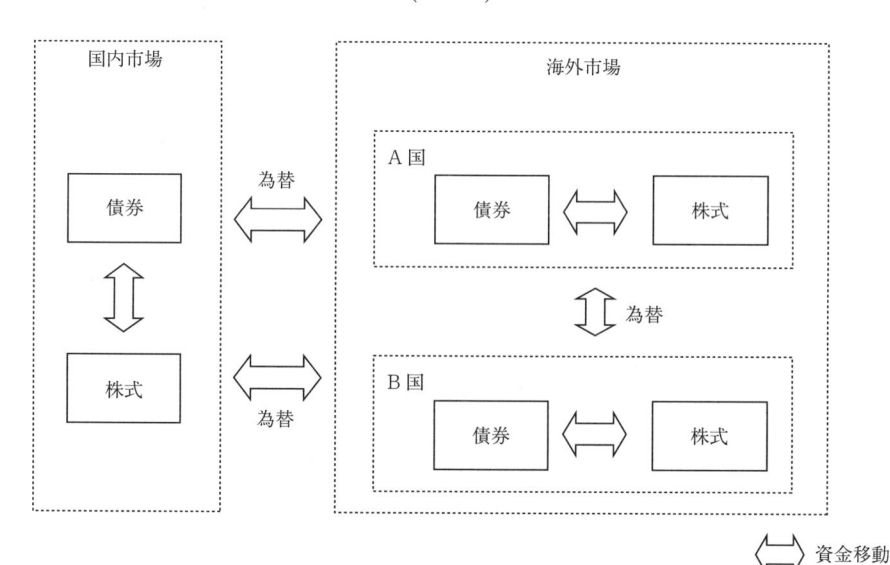

図 1.1　市場間の資金移動

i) 資金が債券に向かう場合：債券が値上がりして長期金利は下がる．その資金が株式市場から流れてきたのなら株価が下がる．海外資産を売った資金で国債が買われた場合は，円が買われたことになるので円高になる．

ii) 資金が株式市場に向かう場合：株価は上昇する．その資金が債券市場から来たなら，債券は値下がりし長期金利は上がる．海外資産の売却による資金流入であれば，i) と同じく円高になる．

iii) 資金が海外市場に向かう場合：為替レートは円安になる．その資金が株式市場から流れていけば株安．国内債券が売られた場合には債券安で長期金利上昇となる．

例 1.1 図 1.2 は 2003 年 8 月における国債と株式の価格を表したものである．この年の前半は長期金利が低下し続け，6 月 11 日には長期金利が 0.43% にまで下がったが，その月の下旬には 1% 台にまで急上昇した．その後は 1% 前後の水準で推移していたが，国債下落リスクが表面化し始め金融機関は国債保有量を減らす局面を迎えていた．図は 8 月中旬に再び国債が下落し，株式が上昇したときの様子を示している[*1)]．この時期は海外投資家による日本株買いによって株価が上昇傾向にあったが，国債下落と株式上昇が同時に起きた主因は，ヘッジ・ファンドを中心とした国債から株式投資への資金移動によるものと考えら

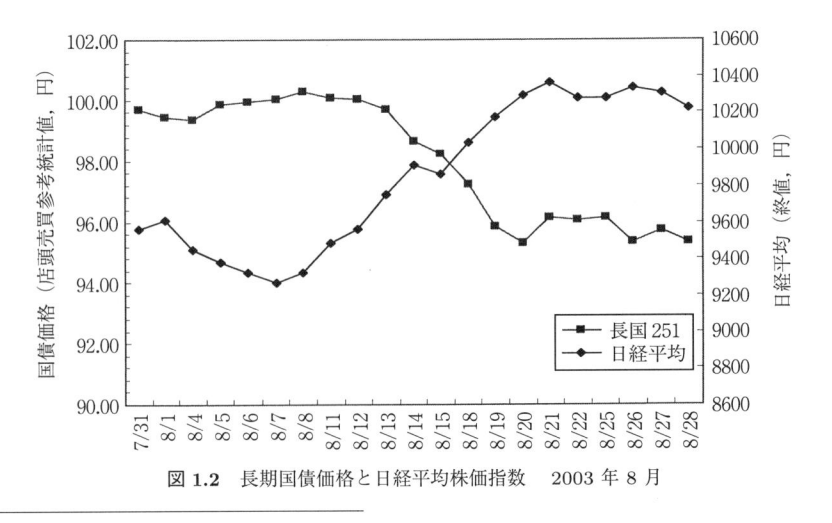

図 1.2 長期国債価格と日経平均株価指数　2003 年 8 月

[*1)] 長期国債の 251 回債は償還期日が 2013 年 6 月なので，この時点で残存期間は 10 年弱である．

れている．

　上にあげた3通りの見方は極めて基本的な構図であり，実際の市場の動きは他の要因も加わるのでさらに複雑である．例えば，ある市場の資産価格の変動によって他の市場が影響を受けることがある．以下にその例を示す．

　i) 資金が国債から株式市場に流入した場合：株価は上昇するが債券安で長期金利が上昇するため，資金調達コストの増加によって景気を冷やす結果 (株安) につながる場合もある．

　ii) 資金が海外から国内に流入した場合：その資金の行方によっては債券高 (金利低下) か株高となるが，同時に円高にもなるため，輸出企業の収益力や価格競争力が低下し株安要因ともなる．

これらの例の背景には，資金が効率のよい投資先を求めてつねに移動しつづけるというメカニズムがある．その結果，さまざまな金融資産の価値は不確実に変動しつづける．この資産価格の変動をリスクとしてとらえ，それを計量したり回避する手法を実現することが，本書で扱う金融工学の課題である．

演習 1.1 最近の市場の動きを，資金移動のメカニズムで説明できるかを考察せよ．

1.2　金融リスク

　通常の意味においてリスクとは，過去に経験したか，もしくは予測し得る不都合な事態の発生に伴う損失 (被害) の大きさとして使われている．したがって

$$\text{リスク} = \text{「事象の発生確率} \times \text{損失」の総和}$$

といった形でリスク量は評価される．ここでは対象となる事象をリスク事象と呼ぶ．リスク事象は少なくともその発生と発生確率が推定できるものに限られる．いい換えるなら，予期しえない事象はアクシデントであり，リスク管理の対象外である．逆に一度でも経験したアクシデントはその後リスク事象に含まれるので，リスク管理の対象となる．つまり，

👉 Notice! 社会が過去に経験したすべての事象を教訓として将来に備えて

も，世の中の変化によってこれまでの経験からは予測し得ない事故が起こり得る．それを未然に防ぐことは不可能だが，一度でも経験したアクシデントについては対策を講じておくべきだという考え方がリスク管理の基本である．

とくに金融取引におけるリスク (金融リスク) とは，過去に経験したか，もしくは予測し得る不都合な事態の発生に伴う，債権を含む資産の損失，債務の増加の意味で使われる．場合によっては，より広い意味で事象そのものをリスクとも呼ぶ場合もある．金融リスクはその要因によって以下のように分類される．

- 市場リスク
- 信用リスク
- 流動性リスク
- オペレーショナル・リスク
- その他のリスク

これらの概要について以下で説明する．

(1) 市場リスク

市場リスクとは金利，為替，株式価格などの市場変動によって資産の損失や債務の増加を引き起こすリスクのことである．このうち金利リスクとは金利の変動による資金運用利回りの低下や，資金調達コストの増加などによる不利益を意味する．長期金利の場合では以下のような損失が考えられる．

- 長期金利の上昇 (国債価格の下落)：金融機関が保有する国債の資産価値が目減り．
- 長期金利の低下：社債をすでに発行した企業にとって，資金コストが市場の調達コストに比べて割高となる．

為替リスクとは為替レートの変動によって被る不利益のことをいう．金利に比べて為替レートは輸出入決済時の金額に直接影響するだけに広く知られているリスクである．

- ドル円レートの上昇 (ドル高)：輸入代金の支払い債務増加．
- ドル円レートの低下 (円高)：輸出代金の受け取り額減少．海外債券・資産の目減り．

例 1.2 海外債券の例として，海外にある邦銀支店から現地日系企業へのドル建て社債投資を考えてみよう．邦銀の場合，通常国内で円資金を調達しドル資金に転換している．したがって債券はドル・ベースで保有しているが，最終的に円で評価するのでこの債券は為替リスクを含んでいる．また同時に金利リスクや信用リスクも含まれている． ■

株価変動リスクは株価の下落による損失がわかりやすいが，以下のように株価の上昇もリスクとみなされる．

- 株価の下落：株式で保有している資産の目減り．
- 株価の上昇：空売りしていれば，買い戻す際に損失発生．取得予定の株式が値上がりによって購入できなくなること．

企業の時価会計導入に伴い，保有する株式が値下がりした場合，その損失処理が必要になり企業経営を根幹から揺るがす場合もある．近年では国内の携帯電話会社が海外投資先の株価下落により，累積で1兆円以上の損失を計上した例がある．これはその年の業務利益を帳消しにしたほどの規模の損失だった．

金融リスクには直接含まれないが，穀物・金属・原油などの商品価格の市場変動に伴う不利益も市場リスクとしてとらえられる．

(2) 信用リスク

信用リスクとは，債務者が債務を履行しないことによる債権の不良化リスクのことである．以下のようなケースが考えられる．

- 銀行が破綻すると，預けている預金の元金・利息が取り戻せない恐れがある．
- 消費者金融業者が金を貸した人が自己破産し，貸し金を回収できない．
- 高利回りの社債を購入したが，満期償還前に破綻したので元本が帰ってこない．

これらは比較的身近なところでも起きている事象である．また国が発行する債券でも絶対安全というわけでない．最近では 2002 年 12 月，アルゼンチンの対外債務支払い停止宣言が事実上の債務不履行宣言として受け止められた事例が有名である．

(3) 流動性リスク

流動性リスクは二つの意味で使われている．一つは取引の実行時に生じるコストに関するリスクである．例えば，取引量の少ない商品は取引量の多い商品

に比べて売り手価格と買い手価格の差が大きい．これは売買コストの増加につながるリスクである．また売り注文によって市場価格が下がることや，買い手がつくまでに時間がかかりその間に市場価格が変化し不利益を被るということも含んでいる．

また，流動性リスクは資金繰りの行き詰まりを意味する場合も多い．とくに1990年後半以降，金融政策関連の話題になっている流動性リスクはこの意味で使われている．

(4) オペレーショナル・リスク

オペレーショナル・リスクとは作業ミスやシステム・ミスなどに起因する債務不履行，資産目減りなどを意味し，以下のようなものを指す[*2]．

- 金融機関のシステム障害によって決済不能が発生すること．
- データ入力ミスや，システムのバグなどによって，資産の時価評価やリスク評価の計量ミスによって損失が発生すること．

(5) その他のリスク

その他のリスクとしては契約上の不備により，取引先と認識の差が生じ，損失を引き起こすといった法務リスクがある．近年の信用リスクを対象とする金融取引では，契約内容の仕組みがより複雑になってきていることもあり，今後重要な課題になっていくであろう．

レピュテーショナル・リスクとは経営不安の噂によって資金調達が困難になり経営困難に陥ることや，なんらかの悪い評判による顧客離れによって将来の収益源を失うことである．金融機関の場合，資金調達の行き詰まりは破綻を意味するので，レピュテーショナル・リスクには極めて敏感である．近年では国内の食品会社で品質管理の不手際による食中毒事件があったが，このような事件で消費者の信頼を失うと経営に致命的な打撃を受けかねない．他には，ナスダック・ジャパンの撤退発表 (2002年8月) といった市場消滅リスクなどもある．

金融リスク以外にも，不確実な事象の発生によって期待していた収益を実現できない場合がある．その現象が定量化でき，損失を推定できるものについて

[*2] 詳細についてはバーゼル銀行監督委員会のオペレーショナル・リスクに関するワーキング・ペーパー [31] を参照のこと．

は，リスク回避のための金融商品も扱われ始めている．例えば，暖冬はスキー場や暖房機器の売上低下を引き起こす．同様に冷夏は海水浴場，夏物衣料，冷房機器の売上低下の原因となる．また台風上陸や地震による災害リスクもある．このようなリスクを回避するために天候デリバティブや災害デリバティブといった金融商品が扱われ始めている．これらは損害保険と似た使われ方をしているが，保険との違いは，**保険が財物に生じた実際の損害を補償されるのに対し，災害/天候デリバティブは契約時にあらかじめ取り決めた条件に基づく金額を受け取る**点で異なることを注意しておきたい．

1.3 金融派生商品とリスク管理

金融派生商品 (デリバティブ) とはさまざまな金融リスクを回避 (ヘッジ) するために開発された金融商品で，主に先物，オプション，スワップに代表される．この取引によって金融リスクはヘッジした側からそのリスクをとった側に移る．図 1.3 はデリバティブ取引を通してリスクが顧客から金融機関に移り，それが加工されて市場に移転していく様子を図式的に示したものである．

金融工学の最も重要な課題は，このリスク移転の仕組みを推進するために，デリバティブの適正価格とリスクを計量しそのリスクを管理することである．次章以降で代表的なデリバティブの価格付けとリスク管理の方法について述べていくが，その考え方は金融資産全般の価格付けやリスク管理に共通するものである．

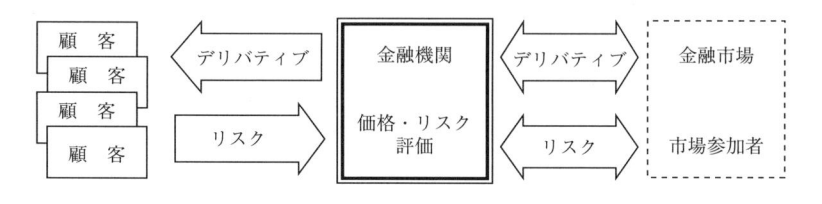

図 1.3 デリバティブとリスクの移転

2
金融先物および先渡

　自己資金を使わずに確実に収益を得ることを裁定機会という．自己資金不要ということは元本を失うリスクがゼロなので，無リスクで利益を得ることを意味している．当然，金融商品の価格や資産価値を算出する際には，裁定機会は存在しない (無裁定[*3]) と仮定する．

　例えば為替レートが1米ドル100円かつ1ユーロ100円のとき，1米ドル＝0.9ユーロということはあり得ない．もしこのレートで取引できるなら，90円で0.9ユーロを買い，その0.9ユーロで1米ドルを買い，円転すると100円になる．この結果，10円の差額が収益となり，裁定機会が存在してしまう．無裁定な仮定をおくことで，この場合は1米ドル＝1ユーロと決定される．

2.1 金利の基礎事項

2.1.1 LIBOR

　金利には期間1年未満の短期金利とそれより長い期間の長期金利に大別されるが，まず短期金利から説明を始めたい．国内市場で取引される短期金利で重要なものとしては，CD (譲渡性預金) 市場やコール市場があるが，国際的に共通な市場金利としてLIBORがある．これはLondon Interbank Offered Rateの略で，ロンドン市場での銀行間の資金の貸し出し側のレートを意味している．これは毎営業日に複数の銀行が呈示する貸し出し金利から最高最低金利をいくつか除いた後の平均で決定される．金利を参照される銀行はレファレンス・バ

[*3] 金融数学で用いられる無裁定条件の厳密な定義については [7], [11] などを参照のこと．

ンクと呼ばれ，その指定と数は定期的に見直されている[*4)]．LIBOR は国際標準としての性格をもっていることや，多くの金利デリバティブの変動金利に用いられている点でも重要な金利である．

東京市場で決定されるものは TIBOR[*5)] と呼ばれる．円金利についていえば，東京–ロンドンの時差による違いや東京とロンドンでは構成する銀行が異なることから，LIBOR と TIBOR の金利は必ずしも一致しない．

実際に市場に公表されている TIBOR の例を表 2.1 に示す．

表 2.1　2003 年 9 月 30 日の日本円 TIBOR (360 日ベース, 単位 %)

期間	金利
1 週間	0.05000
1 ヶ月	0.06000
2 ヶ月	0.07000
3 ヶ月	0.09333
6 ヶ月	0.10667
12 ヶ月	0.11167

表 2.1 が示すように貸し借りする期間によって金利は異なる．これは定期金利を預けるときや住宅ローンを固定金利で借りるときのような個人の生活の中にでも体験できることである．

この期間と金利の関係は金利の期間構造と呼ばれている．金利をグラフで表したときの曲線はイールド・カーブと呼ばれている．通常は長期金利より短期金利のほうが低く，順イールドという．稀に逆転して短期金利の方が高い場合があり，この場合は逆イールドという．逆イールドは高金利の状況から低金利に移行する局面で，金利の先安観によって生じることがある．図 2.1 は 1990 年以降の円 LIBOR のイールド・カーブを示したものである．91 年には逆イールドを示しているが，これは 1990 年より 2000 年以降まで続く金利低下局面の初期にみられた現象である．

また金利の単位には百分率 (%) 以外に，ベーシス・ポイント (bp) もよく使

[*4)] 2004 年 9 月時点では，レファレンス・バンクは 16 行で，最高最低金利の各 4 行の値を除外した残り 8 行の金利の平均レートが採用されている．最高最低金利のいくつかを除外するのは，金利相場の意図的な操縦を防ぐためである．

[*5)] 2004 年 9 月時点で TIBOR のレファレンス・バンクは 16 行であり，金利については最高最低各 2 行の値を除外した残り 12 行の平均レートが採用されている．この指定や数も定期的に見直されている．詳細は [52] を参照のこと．

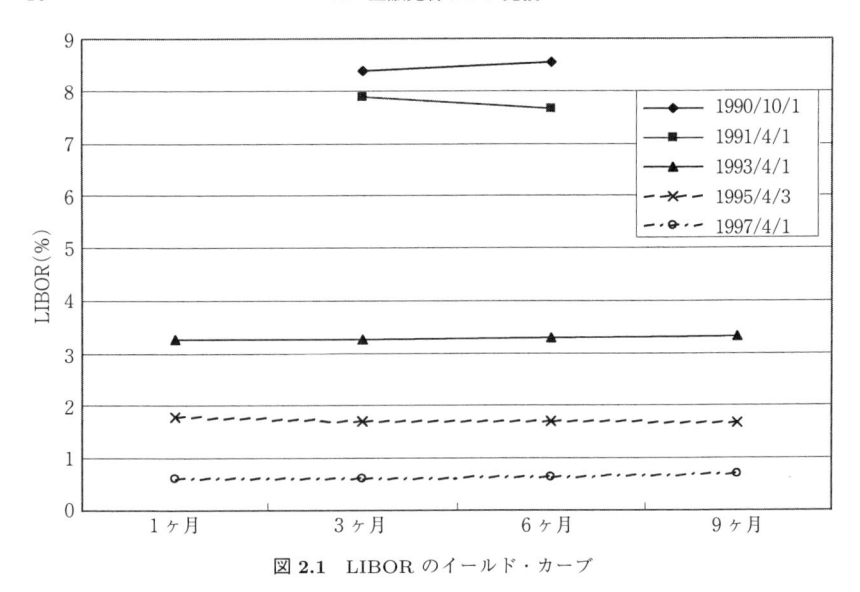

図 2.1 LIBOR のイールド・カーブ

われる．1bp は 1% の 100 分の 1 である．

$$1\text{bp} = 0.01\%$$

2.1.2 金利と割引率

無リスク金利とは，元金と利息が必ず当初の取り決めどおりに支払われる金利のことで，信用リスクがゼロの利回りである．信用リスクゼロという概念は理想化されたものなので，そのような金融商品は厳密な意味では実在しない．そこで，実際の運用では国が債務を保証している国債の利回りを無リスク金利として扱うのが一般的である．また扱うデリバティブによっては LIBOR やスワップ金利 (5.1.1 項を参照のこと) を無リスク金利とみなす場合も多い．したがって，本文中で扱う金利はいつも無リスク金利として扱うことにする．

ある期日における LIBOR が表 2.2 のような状況になっているとしよう．

表 2.2 LIBOR の例 (360 日ベース，単位 %)

1 週間	0.05000
1 ヶ月	0.05333
2 ヶ月	0.08083
3 ヶ月	0.08808
6 ヶ月	0.09750

このとき，1億円を2ヶ月 (60日) 借り入れた場合のキャッシュ・フローは以下のようになる．

当　日	2ヶ月 (60日) 後
借り入れ　1億円	返済　1億＋金利分
	金利分 $= 0.08083/100 \times 60/360 \times 1$ 億
	$= 13471$

60日後に100,013,471円を受け取る権利の現在での価値を1億円 $+\alpha$ としよう．ここで α は未知数とする．この権利を1億円 $+\alpha$ で売る契約をすると，現時点で1億円 $+\alpha$ を受け取ることができる．このうち1億円を上の金利で運用すると60日後には100,013,471円に増えている．これを全額相手に払えば当初の契約を履行でき，かつ手元に α 円残る．無裁定であるためには $\alpha = 0$ でなければならない．これは現在時刻での1億円が60日後の100,013,471円と同じ価値であることを意味している．

60日後に基準をおくなら，

$$100{,}000{,}000/100{,}013{,}471 = 0.99986530$$

より，60日後の1億円の現在価値を99,986,530円とみているわけである．この意味で，将来のキャッシュ・フローを現在価値 (PV) に換算する係数を割引率という．金利が日々変動せず，一定であれば，

$$割引率 = 1/(1 + 金利 \times 日数/360) \tag{2.1}$$
$$現在価値 = 将来のキャッシュ・フロー \times 割引率 \tag{2.2}$$

が成立する．

例 2.1　6ヶ月 (182日) 後に受け取る1億円の現在価値を求めてみよう．

表2.2 より割引率は

$$1/(1 + 0.09750/100 \times 182/360) = 1/1.00049292 = 0.99950732$$

である．したがって，このキャッシュ・フローの現在価値は

$$100{,}000{,}000 \times 0.99950733 = 99{,}950{,}733 \quad (\text{円})$$

である.

次に複利金利について説明しよう. 例えば, 1単位の資金を1年複利 $\bar{r}$ で N 年運用した場合, N 年後には

$$(1+\bar{r})^N$$

になる. また半年複利 r で N 年運用した場合, N 年後には

$$\left(1+\frac{r}{2}\right)^{2N}$$

となる. そして複利計算の時間刻みを無限に細かくしたとき, その金利を連続複利という. 1単位の資金を年利ベースの連続複利 r で T 年 (T は実数でもよい) 運用した場合, 最終的に

$$\lim_{n\to\infty}\left\{\left(1+\frac{r}{n}\right)^n\right\}^T = e^{rT} \tag{2.3}$$

で表される.

連続複利 r で T 年運用するときの利回りを T 年単利金利 $\bar{r}$ に換算してみよう. T 年後の価値が等しいとして

$$e^{rT} = (1+\bar{r}T)$$

から $\bar{r}$ を求めると,

$$\bar{r} = \frac{e^{rT}-1}{T}$$

の関係を得る. 逆も同様にして次式を得る.

$$r = \frac{\log(1+\bar{r}T)}{T} \tag{2.4}$$

例 2.2 連続複利が4%のとき, 1年後の受け取り額が等しくなるような金利を表2.3に示す. これをみると, 1年金利が4.0811%のときと, 半年複利で4.0403%のときの1年後の受け取り額が等しいことがわかる. 3ヶ月複利や1ヶ月複利がそれぞれ4.0201%, 4.0067%のときも1年後の受け取り額は変わらない.

このように, 1年金利が4.0811%のとき, 1年後にそれと同じ価値になる期間複利金利の期間を短くしていくと, その金利は4%に近づいていく. 式(2.3)はこの様子を表している.

2.1 金利の基礎事項

表 2.3 連続複利との比較

		金 利				
		1年複利	半年複利	3ヶ月複利	1ヶ月複利	連続複利 $\exp(rT)$
		0.040811	0.040403	0.040201	0.040067	0.04
経過月数	0	1	1	1	1	1
	1	-	-	-	1.003339	1.003339
	2	-	-	-	1.006689	1.006689
	3	-	-	1.010050	1.010050	1.010050
	4	-	-	-	1.013423	1.013423
	5	-	-	-	1.016806	1.016806
	6	-	1.020201	1.020201	1.020201	1.020201
	7	-	-	-	1.023608	1.023608
	8	-	-	-	1.027026	1.027025
	9	-	-	1.030455	1.030455	1.030455
	10	-	-	-	1.033895	1.033895
	11	-	-	-	1.037347	1.037347
	12	1.040811	1.040811	1.040811	1.040811	1.040811

2.1.3 国債価格と金利

国債とは，国が歳入不足を補う財源調達を目的として発行する債券である．日本国債の場合，償還期限により以下の種類がある[*6]．

- 短期国債： 1年以内　割引債
- 中期国債： 2, 4, 5, 6年利付債，3, 5年割引債
- 長期国債： 10年利付債，物価連動国債
- 超長期国債：15年変動利付債，20, 30年利付債

割引債とは表面利率 (クーポン・レート) がゼロの債券で，利息分に相当する割引率を額面に乗じた価格で売買されるものである．

表 2.4 のように国債の年間発行額は新規分がおよそ 30 兆円台で，借換債を含めると約 100 兆円以上にまで増えている．また残高は近年 400 兆円規模になっている．

ほかに米国では財務省証券という名で以下の市場性国債が発行[*7]されており，市場規模も世界最大級である．

[*6] 経済状況によって変更される場合があるので詳細は [51] を参照のこと．
[*7] 2001 年 5 月時点．

表 2.4 国債発行額推移 (兆円) 財務省 HP より

年度	新規	残高 (普通国債)
H10	34.0	295
H11	38.6	332
H12	34.6	368
H13	30.0	392
H14	35.0	421
H15	36.4	457

- TIPS： インフレ連動債
- T-Bills： 3, 6 ヶ月割引債
- T-Notes：2, 5, 10 年利付債
- T-Bonds：30 年利付債

次に国債の価格と金利の関係について述べる．現在時刻を $t=0$ とする．国債のクーポンが C 円一定で，その利払い日を半年ごとに $T_1, T_2, T_3, \cdots, T_n$ とする．そして満期 T_n に額面 100 円が償還されるものとする．各利払い日 T_i までの割引率を D_i $(i=1,\cdots,T_n)$ で表すと国債の価格 B は次式で与えられる．

$$B = \sum_{i=1}^{n} \frac{C}{2} D_i + 100 D_n \tag{2.5}$$

前項の (2.1) 式は金利が上がれば割引率が小さくなることを示している．したがって，**国債価格の下落は金利上昇，国債価格の上昇は金利低下**という関係が成立する．

例 2.3 金利が半年複利で 5%一定のとき，額面 100 円，半年利払いのクーポンが 3%の国債の価格を求めてみよう．残存年数は 1 年とする．このときの割引率は

$$半年後：D_1 = 1/(1 + 0.05 \times 0.5) = 0.975610$$
$$1 年後：D_2 = 1/(1 + 0.05 \times 0.5)^2 = 0.951814$$

である．各キャッシュ・フローの現在価値を求めると，

半年後キャッシュ・フローの現在価値：
$$3.0/2 \times D_1 = 1.5 \times 0.975610 = 1.46$$

1 年後キャッシュ・フローの現在価値：

$(100 + 3.0/2) \times D_2 = (100.0 + 1.5) \times 0.951814 = 96.61$

合計全キャッシュ・フローの現在価値：

$1.46 + 96.61 = 98.07$

の計算からこの国債の価格は 98.07 円である (図 2.2).

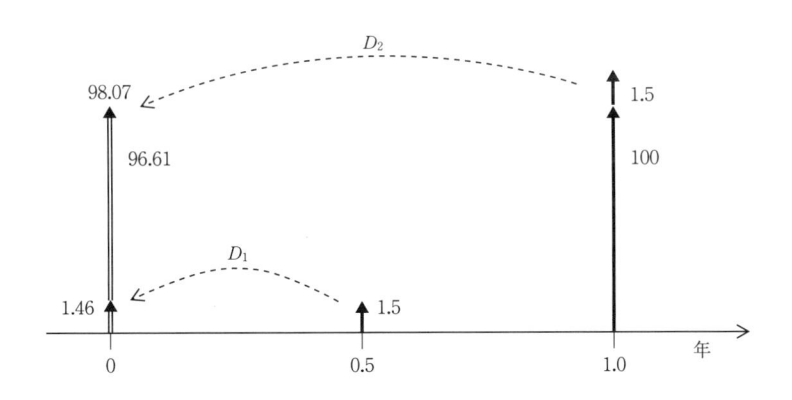

図 2.2　国債のキャッシュ・フローと現在価値

演習 2.1　金利が半年複利で 5%一定のとき，額面 100 円，半年利払いのクーポンが 6%で残存 1 年の国債の価格を求めよ．

2.2　先 物 契 約

　先物とは将来のある期日で，ある金融商品をあらかじめ決められた価格で売買することを約束する契約のことである．対象となる資産によってさまざまな先物が上場されているが，ここではまず先物全般に共通な特長を以下に記す．
- 市場で売買される上場商品で，売りと買いのどちらからでも始めることが可能．

- 決済の仕組み：委託証拠金の預け入れが必要．毎日差金決済．
- 取引手数料が現物売買に比べて安い．
- 現物の金融資産より流動性が高い．
- 少ない資金 (委託証拠金) で取引が可能．

通常の取引では保有している (買った) 資産を売るが，先物では売りから始めること (売り建て) が可能である．例えば，現在 100 円のものが将来値下がりすると予想して 100 円で売っておく．この状態を売りポジション[*8]という．その後 80 円に値下がりしたときにこれを買い戻すと，20 円の利益を得ることができる．この仕組みによって市場の下落局面でも収益を上げることができるようになっている．また委託証拠金と毎日の差金決済の仕組みは契約者の債務不履行リスクを最小化することが目的である．

国内市場では株価指数，短期金利，国債，通貨などを原資産とした先物が上場されている．これらの概要を以下で順に説明していく[*9]．

2.2.1 株価指数先物

株価指数を参照価格とする先物はいくつかあるが，国内市場で取引が多いのは日経平均株価指数先物と東証株価指数 (TOPIX) 先物である．

日経平均株価指数 (日経平均) は東証 1 部上場銘柄の中から市場流動性の高い 225 銘柄の株価をもとに算出したものである．TOPIX は東京証券取引所第 1 部に上場されている全銘柄の時価総額を指数化したものである．こちらは株数が考慮されているため大型株の影響を受けやすい性格をもつ．これらの先物について取引の仕組みは類似しているので，ここでは日経平均株価指数先物 (日経平均先物) の取引方法の概要を示す (表 2.5)．

この場合では呼値が 10 円なので，先物価格が 10 円変動すると，

$$10 \times 1000 = 10000$$

[*8]) ポジションとはなんらかの資産の持高を意味する．持高がプラスのとき買いポジション，マイナスのとき売りポジションというようにも使われる．

[*9]) 取引ルールは状況によって変更される場合がある．取引方法の詳細は上場している取引所のサイト [50], [53], [54] などを参照のこと．

2.2 先物契約

表 2.5 日経平均先物[11]

取引対象	日経平均株価指数
委託証拠金	必要
決　済	日々の終値を基準に損益を毎日精算．限月までに反対売買をした場合は差額の受け渡しだけが行われたことになる． 限月の取引最終日大引けまでに反対売買されなかったものについては翌日に定まる最終精算指数 (SQ) で差金決済．
限　月	3, 6, 9, 12 月．5 限月まで
取引最終日	各限月の第 2 金曜日の前日
売買単位	1 単位は日経平均の 1000 倍
呼　値	10 円

より，最小の価格変動は 1 単位[10]につき 1 万円である．

例 2.4 株式を時価総額で 10 億円保有しているとしよう．簡単のため，保有株の内訳は日経平均の組み入れ銘柄と同じ比率のポートフォリオになっているものと仮定する．

ここで，ある年の 8 月 6 日時点で日経平均が 12510 円で，この日の 9 月限月の先物が 12500 円とする．株価の先安観に基づき，9 月限月の先物の売り建てを考える．

$$12500 \times 1000 \times 80 = 1{,}000{,}000{,}000$$

の計算により，先物を 80 単位売れば保有株式と同額の売り建てになる．9 月の取引最終日の翌日 (便宜上決済日ということにする) に日経平均が 11250 円に下がっていた場合，保有するポートフォリオも同じ割合で時価総額が減少するので保有株の時価総額は

$$100000 \times 11250/12510 = 89{,}928 \quad (万円)$$

である．

一方，売り建てた先物の SQ も 11250 円に値下がりし価格差 (12500−11250 = 1250) が 1 単位あたりの利益なので，80 単位で

$$1250 \times 1000 \times 80 = 100{,}000{,}000 \quad (円)$$

の利益となる．

---

[10] 市場取引では 1 単位を 1 枚という．他の先物やオプション取引でも 1 単位を 1 枚といういい方が使われる．

[11] 詳細は [50] を参照のこと．

表 2.6 先物でヘッジした場合の損益　(億円)

	日経平均 (円)	先物 (円)	ポートフォリオ	先物売り	
8/6	12510	12500	10	売り建て額	−10
9/決済日	11250	11250	8.9928	買い戻し益	1.0
ヘッジしない場合の損益			−1.0072		
先物ヘッジ時の損益			−0.0072		

表 2.6 に示すように，ヘッジしていなければ約 1 億円の損失であるが，先物を売り建てたことで 72 万円の損失に抑えることができている．

上のケースでは平均株価が上がった場合にその利益を得ることはできない．このことは他の先物取引でヘッジした場合も同じである．

株価指数先物は保有株式のリスク・ヘッジ以外に，以下のような目的でも取引されている．

- 価格変動による売買差益を得るために，相場の強弱観に基づいた売買を行う．
- 現物–先物間の裁定取引，日経平均と TOPIX のように指数間スプレッドの取引などで利ざやを得る．
- 現物に先物を組み合わせてポートフォリオの利回りを向上させる．

2.2.2　金利先物

金利系の先物は短期金利と中長期金利の商品に大別される．国内短期金利については東京金融先物取引所 (TFX) に上場している円 3 ヶ月金利先物が取引されている．表 2.7 は取引方法の概要である．

この商品では，1 年を 360 日，3 ヶ月を 90 日と定めているので，金利が 0.5bp 変動すると，

表 2.7　円 3 ヶ月金利先物[*12]

取引対象	3 ヶ月 TIBOR
委託証拠金	必要
決済	反対売買，あるいは毎日差金決済．
価格表示	100 − 先物年利利回り (単利) (90/360 ベース) 0.005% (0.5bp)
限月	3, 6, 9, 12 月．20 限月まで
取引最終日	各限月第 3 水曜の 2 営業日前
最終決済日	取引最終日の翌日
売買単位	1 億円

[*12] 詳細は [22] などを参照のこと．

$$1 \text{億} \times 0.00005 \times 90/360 = 1250 \tag{2.6}$$

より，最小の価格変動は 1 単位につき 1250 円である．

円 3 ヶ月金利先物は 20 限月分，つまり 5 年先まで上場しているが，表 2.8 からわかるように，実際の取引では 1 年先あたりまでの売買が多い．したがって，1 年程度先までの将来の短期金利像として最も信頼できる指標の一つとなっている．表 2.8 の例では 2002 年 12 月の先物価格は 99.920 なので，12 月の 3 ヶ月金利は 0.08%を予想していることになる．

表 2.8 円金利先物 (TIBOR) 2002 年 8 月 7 日

限月	精算値	前日比	売買高	建玉
02/9	99.925	0	-	238160
02/12	99.920	+0.005	1945	179833
03/3	99.890	0	5050	134947
03/6	99.895	0	2330	68085
03/9	99.870	+0.005	693	26689
03/12	99.840	+0.005	302	14066
04/3	99.780	+0.005	-	11536
04/6	99.760	+0.005	-	4049

例 2.5 表 2.8 のケースで，2003 年 3 月に 3 ヶ月の短期資金を 10 億円調達する場合を考えてみよう．金利の先高観に基づき 10 単位の金利先物 (限月 2003 年 3 月) を売ることにする．3 月に金利が 0.2%に上昇した場合，この金利で 10 億円借りると支払う利息は

$$100000 \times 0.002 \times 90/360 = 50$$

より 50 万円である．一方先物は 99.8 円になっているので，これを買い戻すと差額の収支は

$$100000 \times (99.89 - 99.8)/100 \times 90/360 = 22.5$$

より 22.5 万円の収益となる．支払い金利をこの利益で相殺できるので，実質的に負担する利息は

$$50 - 22.5 = 27.5$$

より 27.5 万円である．これを利率で表すと

$$27.5 \text{万}/10\text{億} \times 360/90 = 0.0011$$

であり,実質的に 0.11% の金利,つまり先物の金利で資金調達できたことがわかる.

表 2.9 の例のように,金利先物は短期資金調達のための金利上昇リスクをヘッジする目的に使われる.実際,表 2.8 からも期末の 3 月を限月とした取引が多いことや,3 月限月の先物金利が高めになっている様子がみられる.

表 2.9 先物でヘッジした場合の調達金利

	先物金利	先物価格	先物取引	資金調達
8/7	0.11	99.89	10 単位売り	
2003/3	0.2 (= TIBOR)	99.80	10 単位買い戻し	0.2%支払い
			+22.5 万円利益	−50 万円 利払い
		実質利払い		27.5 万円
		実質金利		0.11%

一方,資金運用側でも将来の金利下降リスクをヘッジする目的で利用される.この場合は先物買いとなる.ヘッジ目的以外には各限月間スプレッドの裁定や,他の金利先物などとの価格差の揺らぎから収益機会を求める裁定取引[*13)]が行われている.また先物の価格そのものの変化を予測して売買する参加者もいる.

2.2.3 債 券 先 物

債券先物は長期金利の先物に相当するもので,取引されているのは国債の標準物価格を原資産とする先物である.

国債先物としては中期国債先物,長期国債先物,超長期国債先物が東京証券取引所に上場している.ここでは長期国債先物を取りあげ,その仕組みを表 2.10 に示す[*14)].

債券先物は保有する現物国債の下落に対するリスク・ヘッジを主目的とする上場商品である.2.1.3 項で述べたように,金利の上昇局面では国債価格が下がるので,先物を売って保有資産の目減りを回避するわけである.債券先物と

[*13)] 裁定取引については 4.1.2 項を参照のこと.
[*14)] 詳細は [54] を参照のこと.標準物のクーポンは,市場金利との乖離が大きいときに変更される場合がある.

2.2 先物契約

表 2.10 長期国債先物

取引対象	クーポン 6%の残存 10 年標準物国債
委託証拠金	売買額面金額の 3%
決　済	先物の反対売買，受渡決済日での国債の売買，毎日差額決済
価格表示	額面を 100 とした表示で，下 2 桁 (1 銭) まで
受渡適格銘柄	残存 7 年以上 11 年未満の長期国債
受渡決済期日	各限月の 20 日
取引最終日	受渡決済期日の 7 営業日前
限　月	3, 6, 9, 12 月のうちの直近の 3 限月
売買単位	額面 1 億円

株価指数先物や短期金利先物との重要な違いは現物国債を売って決済できる点である．標準物国債は仮想のものであって実在しないので，受渡最終決済日には受渡適格銘柄が授受される．しかし現物の適格銘柄と標準物とはクーポンや残存期間が違うので，双方の将来価値が等しくなるように調整する変換係数 (コンバージョン・ファクター) が用いられる．ここでコンバージョン・ファクターとは各銘柄の残存期間とクーポンおよび標準物クーポンによって決まる係数である[*15]．そして受渡適格銘柄の中からコンバージョン・ファクターで割引いてもっとも割安なものを売ることができ，先物価格は次式で与えられる．

$$\text{取引最終日の先物価格} = \min_{\text{全受渡適格銘柄}} \left(\frac{\text{現物債価格}}{\text{コンバージョン・ファクター}} \right) \tag{2.7}$$

債券先物は保有債券のリスク・ヘッジ目的以外に，裁定取引や投資取引を行う参加者も多く，以下のような目的でも取引されている．

- 裁定取引：現物と先物の価格間の裁定，スワップ金利と国債利回りとの関係での裁定など．
- 投資取引：先物価格の変化を予測して収益機会を得る．

表 2.11 で実際の取引量などの例を示す．この例のように通常取引されているのは，直近の限月のものが多い．

表 2.11 長期国債先物 2002 年 8 月 7 日

限月	終値	前日比	利回り	売買高	建玉
02/9	140.00	+0.20	1.428	32053	54715
02/12	139.10	+0.19	1.502	4	577
03/3	-	-	-	-	0

[*15] コンバージョン・ファクターは東証の HP[54] で公表されている．[24] も参照のこと．

近年の国内市場の金利状況下では，最割安銘柄があらかじめわかっていて，途中で入れ替わることはほとんどない[*16]．

米国では．T-Bills, T-Bonds, T-Notes を原資産とする先物がシカゴ・マーカンタイル取引所 (CME)，シカゴ商品取引所 (CBOT) に上場されている．T-Bonds 先物の場合では，直近の3限月あたりまでの先物が盛んに取引されている．また米国市場の金利状況下では最割安銘柄が限月までに入れ替わる場合があるので，初歩的な分析方法では精度に限界がある．このような市場では，より高度な理論に基づく金利期間構造モデル[*17]が価格分析に有効な手段となる．

2.3 先 渡 契 約

先渡契約とは将来のある時点にあらかじめ定められた価格で原資産を売買する契約のことである．売買は売り手と買い手による店頭取引で行われ，通常は銀行対企業の組み合わせが多い．先渡の契約時に適用される受渡し価格を先渡価格という．それに対して，原資産の現時点における市場価格を直物 (じきもの) 価格という．

この節では為替の先渡契約のみを説明する．その他にも，短期金利では FRA と呼ばれる先渡取引があるが，これは銀行間中心の相対取引が一般的である．また金利スワップの先渡契約 (フォワード・スワップ) も取引が多いが，これについては 5.2 節で述べることにしたい．

2.3.1 為 替 予 約

為替の先渡契約は通常，為替予約と呼ばれて取引されている．以下の例で取引の仕組みを示す (図 2.3)．

A 社は 2 ヶ月後に輸出売上の代金をドルで受け取る予定があるとする．そしてドル下落リスクを避けて現在の為替レート水準で円に交換 (円転) したいと考えているとしよう．この場合，先渡価格 (為替予約レート) の現在価値は，2 ヶ月後の 1 ドルの現在価値が円ベースで等価であるように定まる．したがってこ

[*16] 99 年 6 月限で最割安銘柄の交替現象があった程度．
[*17] 6.5 節を参照．

2.3 先渡契約

```
117.00 円 ────円運用  金利0.07%────▶ ┌‒‒‒┐
    ▲                                │等価│
直物レート                            └‒‒‒┘
    │                        予約レート ▲ 1ドル=116.66円
┌‒‒‒┐                                   │
│1ドル│‒ ‒ ‒ ‒ドル運用  金利1.83%‒ ‒ ‒ ‒ ▶
└‒‒‒┘
  現在                              2ヶ月後
```

図 2.3 円運用とドル運用

の割引率は円金利によって決まる．また，2ヶ月後の1ドルの円ベースでの現在価値は，ドル金利で割引いた現在価値（ドル）を直物レートで円転したものに等しい．したがって

$$\text{為替予約レート} \times \text{円2ヶ月分割引率}$$
$$= \text{ドル2ヶ月分割引率} \times \text{直物レート} \quad (2.8)$$

という関係が成り立つ．割引率をそれぞれの金利で表し，整理すると次式を得る．

$$\text{直物為替レート} \times (1 + \text{円金利} \times \text{経過日数}/360)$$
$$= (1 + \text{ドル金利} \times \text{経過日数}/360) \times \text{為替予約レート} \quad (2.9)$$

上式の左辺は直物レートでドルを円転し，円で2ヶ月運用した結果を表す．右辺はドルで2ヶ月運用して先渡レートで円転した結果を意味し，どちらで運用しても等価になることを表している．

例 2.6 ドル・円レートが直物で117.00円，金利状況は表2.12のようになっているとする．

この場合の為替予約レートは (2.9) より次で求められる．

表 2.12 期間と金利の例 (360日ベース，単位%)

期間	円金利	ドル金利
1ヶ月	0.05	1.82
2ヶ月	0.07	1.83
3ヶ月	0.08	1.84
6ヶ月	0.1	1.85

為替予約レート

$$= 117.00 \times (1 + 0.07/100 \times 60/360)/(1 + 1.83/100 \times 60/360)$$
$$= 116.66$$

A 社が B 銀行に対し 2 ヶ月後 116.66 円で 1 億ドル売りの為替予約を契約した場合，2 ヶ月後に A 社は先渡契約に基づき，1 億ドルを 116.66 円のレートで B 銀行に売却できる．したがって，そのときの為替レートの状況如何によらず

$$116.66 \times 10000 = 1166600 \quad (万円)$$

より，A 社は 116.66 億円を確実に入手できる．

この結果 2 ヶ月後のドル円レートが 110 円に下落した場合と 120 円に上昇した場合のシナリオを想定すると，表 2.13 の結果になる．

表 2.13　シナリオ

2 ヶ月後	A 社	B 銀行
ドル円レートが 120 円に上昇	為替差益は得られない	円転によって 3.34 億円の利益
ドル円レートが 110 円に下落	為替差損を回避	円転すると 6.66 億円の損失

したがってこの取引で，A 社がもっていた為替リスクが B 銀行に移転されたことがわかる．　■

2.3.2　フォワード為替

フォワード為替は直物為替と先渡為替を交換する取引で，銀行間で取引されているものである．取引の内容は直物の為替取引と先渡で行う逆の取引とで 1 組と考える．

例 2.7　前項のケースでは直物レートが 117.00 円/ドルで，2 ヶ月後先渡レートが 116.66 円/ドルだった．このレートで B 銀行が 2 ヶ月後のフォワード為替を契約金額 1 億ドルで C 銀行と契約した場合，次のようなキャッシュ・フローになる．

この取引の利用例として前項の B 銀行の為替予約を思い出してみよう．B 銀行は 2 ヶ月後に A 社との為替予約により 1 億ドルが入り，116.66 億円を支払うことになっていた．今回の C 銀行とのフォワード為替取引によって，2 ヶ月

2.3 先渡契約

1億ドルのフォワード為替 (先渡の買い) のキャッシュ・フロー (B銀行)

	払い	受け
当日	117億円	1億ドル
2ヶ月(60日)後	1億ドル	116.66億円

後のキャッシュ・フローはすべて相殺されてゼロとなる．これによってB銀行は将来の為替リスクをヘッジできたことになる (図2.4)．

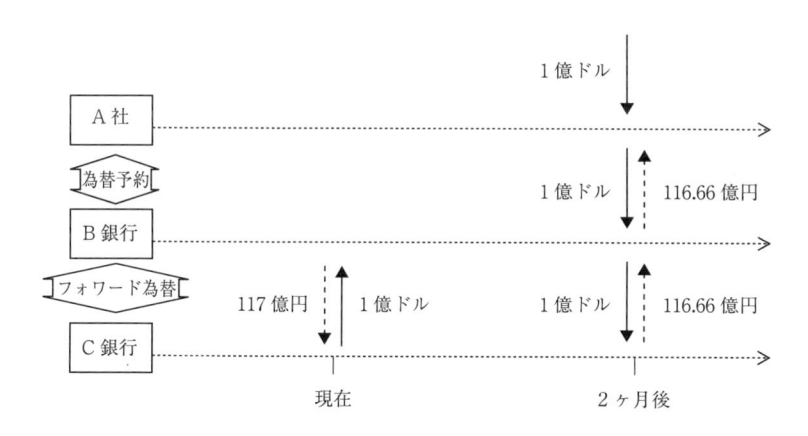

図2.4 為替予約とフォワード為替

しかし，B銀行にとっては，円資金をC銀行に預けているので，利回り0.07%で2ヶ月運用していることに等しい．したがって円金利の上昇による運用損のリスクを抱えていることになる．図2.5はA社の為替リスクが移転され，最終的にB銀行が金利リスクに変換した様子を表している．

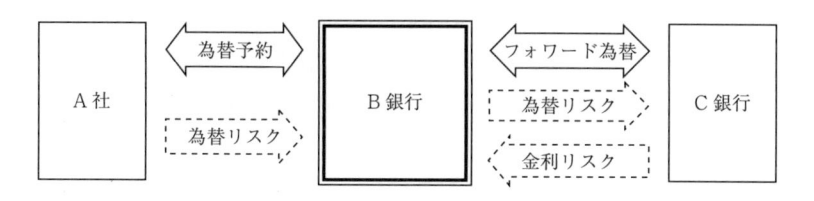

図2.5 為替リスクの移転

直先スプレッド

銀行間でフォワード為替の取引をする際に参照される指標には，直先スプレッドが使われる．これは先渡為替レートと直物為替レートの差で，

$$\text{直先スプレッド} = \text{先渡為替レート} - \text{直物為替レート} \tag{2.10}$$

で定まる概念である．上の例では，直先スプレッドは

$$-0.34 = 116.66 - 117.00$$

である．このように国内金利より米国金利の方が高いと，符号がマイナスになる．この場合 (ドル) ディスカウントといい，d 0.34 と記す．逆の場合は符号がプラスで，(ドル) プレミアムといって，d のかわりに p を使って表す．表 2.14 は実際の市場取引の価格例である．

表 2.14　ドル直先スプレッド　2002 年 8 月 12 日

期間	スプレッド
1 ヶ月	d 0.204 - 0.194
2 ヶ月	d 0.361 - 0.351
3 ヶ月	d 0.526 - 0.517

2.4　先渡価格と先物価格

先渡価格と先物価格の関係を考える手始めに，まず先渡価格の一般的な考え方を示す．現在時刻が $t=0$ で，ある証券の先渡の期日が $t=T$，この期間の連続複利の金利は r とする．簡単のため，この証券は配当支払いがないものとする．そして $t=0$ における証券の先渡価格を F，現物価格を S_0 とする．次に以下の二つのポートフォリオを考えてみよう．

- 証券の先渡を買う契約 1 単位を保有し，現金 Fe^{-rT} を金利 r で運用．
- 証券の現物を 1 単位保有．

前者では金利 r で運用した現金が F に増えているので，先渡契約に基づいて証券の現物を 1 単位購入できる．先渡の契約時に資金は不要なので，時刻 $t=0$

におけるこのポートフォリオの価値は Fe^{-rT} である.どちらも T 時点で 1 単位の証券を保有していることになるので,この二つのポートフォリオの $t = 0$ での価値は等しい.したがって次式が成立する.

$$Fe^{-rT} = S_0$$

これより先渡契約の価格は

$$F = S_0 e^{rT} \tag{2.11}$$

で与えられる.この結果からわかるように先渡の価格は決済日までの金利によって確定する.

一方,先物は毎日差額決済が行われるので,その効果を考えると先渡のように簡単に価格を求めることはできない.厳密には確率過程の概念を用いた評価法が必要となる[*18].したがって同じ原資産を扱うにもかかわらず,先物と先渡の価格は厳密には一致しない.

しかし**決済日までの金利**が決まっていれば**先物と先渡の価格は等しい**ことが知られている[*19].この関係は実務ではよく使われる考え方であり,本書でも 3.3 節以降で使うことになる.

[*18)] 例えば [10] や [7] などを参照のこと.
[*19)] 直感的な説明は [12] にもあるが,数学的な証明は [7] などを参照のこと.

3

オプション

3.1 オプションとその価値

前章では，保有する資産・債券の目減りや債務の増加となるリスクを先物や先渡契約でヘッジできることを説明してきた．現物資産を保有している場合には，先物を売ることで資産価値の減少を避けられるが，価格が上昇した場合の利益を放棄したことにもなる．それに対して資産価値が上昇したときにはそのまま利益を得，下落時のリスクだけをヘッジしたいというデリバティブがオプションである．

正確には，オプションとはある資産 (原資産) に対して将来の特定の日 (満期日，権利行使日) に，あらかじめ決められた価格 (権利行使価格，ストライク) で売買できる権利のことである．売却できる権利はプット・オプション，購入できる権利はコール・オプションという．

まず，オプションの損益 (ペイオフ) を株式のコール・オプションで説明しよう．現在 1 株 1000 円の価格で取引されている株式があるとする．この株式に対して，1 ヶ月後の満期日に権利行使価格 1000 円のコール・オプションを 1 単位もっているとする．ここで 1 ヶ月後にその株価が 1200 円になっていれば，オプションの権利を行使するとこれを 1000 円で購入できる．同時にその株を 1200 円で売れば差額の 200 円の利益が確定する．つまり株価が $1000 + \alpha$ 円 ($\alpha > 0$) なら α 円の利益となる．逆に 900 円に下がっていると 1000 円で買うメリットはない．この場合権利を放棄することになり，損益は発生しない．つまり 1000 円以下のときにこのオプションは行使されないので損益ゼロである．したがって満期日におけるコール・オプションのペイオフは

$$\max(\text{原資産価格} - \text{権利行使価格}, 0)$$

と表現できる．同様にプット・オプションのペイオフは

$$\max(\text{権利行使価格} - \text{原資産価格}, 0)$$

と表される．図 3.1 にオプションのペイオフを示す．売り手の場合は損益が逆になると考えればよい．

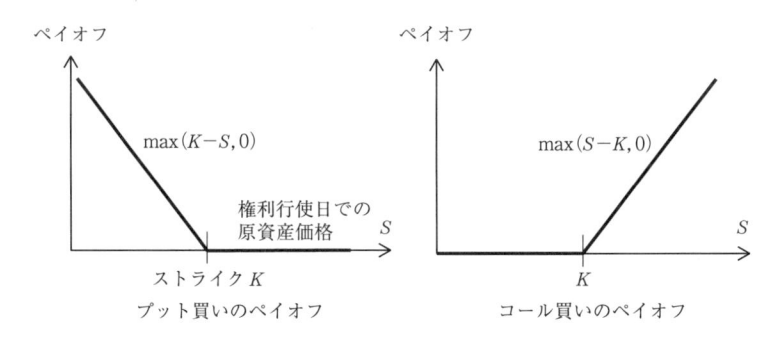

図 3.1 オプションのペイオフ

演習 3.1 プット・オプションについて上の例でペイオフを確かめよ．

とくにオプションの買い手が現時点で権利行使した場合，プラスのキャッシュ・フローになるときイン・ザ・マネー (ITM) にあるといい，収支ゼロのときアト・ザ・マネー (ATM)，損失が出るときアウト・オブ・ザ・マネー (OTM) という．

オプションは資産価値の下落といったイベントの度合いに応じたペイオフを受け取る権利なので，オプション価格は保険料の意味でプレミアムと呼ばれている．そこで保険とオプションの違いについて考えてみよう．火災保険ならその保険料は

$$\text{保険料} = \text{火災発生確率} \times \text{支払い保険金額} \tag{3.1}$$

といった考え方に基づいて導かれる．

ある火災保険の契約が10万件あるとしよう．そのうち500件程度の火災が毎年起きているなら，火災の発生確率は0.5%と推定できる．保険の場合は契約者が多数であり，事象 (火災) は契約者の数だけ考えられるが，それぞれの事象はほぼ独立な確率事象とみなされる．大数の法則[20]によって，契約者が十分多ければ，毎年ほぼ同じ頻度で火災が起きるものと期待できる．したがって保険額の0.5%以上を保険料として受け取っていれば，この事業は継続的に成立するであろう．

オプションの場合，例えばドル・円の為替レートを対象資産とするなら，対象となる事象はドル・円レートの変動のみである．金融機関が為替のプット・オプションを大量に売っていた場合，ドルが下落すると莫大な損失を引き起こす．オプションは特定の原資産の価値変動を扱っているため，保険のようにイベント・リスクの分散が効かないからである．したがって

✎ Notice! オプション価格を求める際には，必ず以下の2点を考慮しなければならない．

- 売ったオプションのリスクをどのように加工してヘッジするか？
- そのヘッジのためのコスト (ヘッジ・コスト) はあらかじめ受け取ったオプション価格で賄えるか？

もしオプション価格がヘッジ・コストより高いと，オプションを売って自分でヘッジすれば差額を利益とすることが可能になる．逆にオプション価格がヘッジ・コストより安いと，オプションを買って逆サイドのヘッジを行うことで差額の収益を得ることができる．裁定が起きないためには

✎ Notice!

$$\text{オプション価格} = \text{ヘッジ・コスト} \tag{3.2}$$

である．これは，オプション価格の算出には，リスク・ヘッジについても同時に考えなければならないことを意味している[21]．

---

[20] 例えば [1] などを参照のこと．
[21] 詳しくは [12], 13.4 節を参照のこと．

3.2　オプションの種類

市場では非常に多くの種類のオプションが取引されているが，ここでは基本的なタイプについて説明する．

まず権利行使日の形態でみると以下の3通りがある．

- ヨーロピアン・オプション：満期日のみに売買の権利が認められる．
- バミューダン・オプション：満期日までの定められた複数の日に権利行使が可能．
- アメリカン・オプション：満期日までの任意の期日に売買できる．

通常のプット，コール・オプションをプレーン・バニラ・オプションと呼ぶのに対して，より複雑なペイオフをもつオプションをエキゾチック・オプションという．具体的には権利行使価格の設定や権利の消滅などについて特殊な設定がなされていて，その種類は実に多様である．以下で，よく利用されているエキゾチック・オプションについてその概要を示す．

(1)　バリアー・オプション：ある期間中に原資産価格があらかじめ定められた価格 (バリアー) に到達するか否かにペイオフが依存するものの総称である．そのほとんどがノックインとノックアウト・タイプに分けられる．

(2)　ノックアウト・オプション：通常のプットまたはコール・オプションにノックアウト (取引消滅) 条件の加わったもの (図 3.2)．原資産価格があらかじ

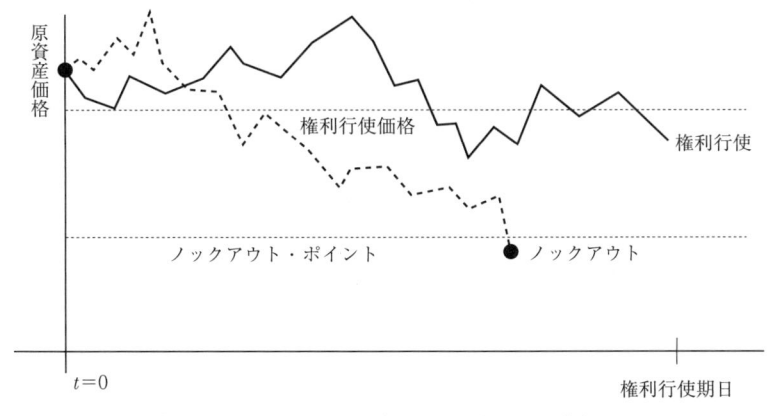

図 3.2　ノックアウト・プット・オプションの仕組み

め設定されたバリアー (ノックアウト・ポイント) に到達するとイン・ザ・マネーであっても権利が消滅する．これはオプションを買う側がオプション価格を安くするために権利の一部を放棄するものである．ノックイン・タイプは逆に権利が発生するものである．

(3) ルックバック・オプション：権利行使期間中の買い手にとって最も有利な価格が権利行使価格になるオプション．コールなら最安値で買えるし，プットなら最高値で売れる (図 3.3)．当然プレーン・バニラ・オプションより価格は高くなる．

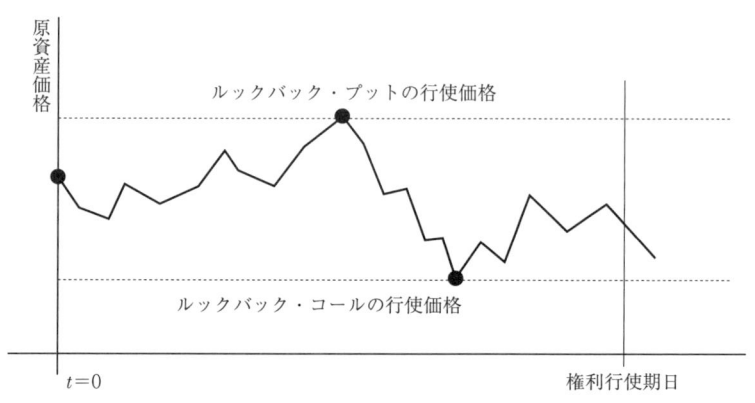

図 3.3 ルックバック・オプションの仕組み

(4) アベレージ・オプション (アジアン・オプション)：参照する原資産のある期間の平均価格に対してペイオフが依存するオプション．原資産価格の平均値と権利行使価格との差でペイオフが決まるものをアベレージ・プライス・オプションという．逆に原資産価格の平均値を権利行使価格とするものはアベレージ・ストライク・オプションと呼ぶ．輸出入のようにある期間中に何度も為替取引のある場合，為替リスクを一括でヘッジするために利用されることが多い．

(5) バスケット・オプション：複数の資産からなるポートフォリオの価値にペイオフが依存するオプション．取引する原資産の種類によって通貨のバスケットや複数株式のバスケットものが利用されている．

3.3 上場オプション

3.3.1 株価指数オプション

株価を原資産とする上場オプションには東証株価指数オプション,日経平均株価指数 (日経平均) オプション,個別株オプションなどがある.ここでは日経平均オプションについて,取引方法の概要を表 3.1 に示す[*22].

表 3.1 日経平均株価指数オプション

取引対象	日経平均
取引単位	日経平均 × 1000 円が 1 単位
委託証拠金	オプション買い手は不要であるが,売り手は徴収される.
限 月	3, 6, 9, 12 月のうち直近の 5 限月と,これ以外の直近 3 ヶ月 (例;1 月 6 日時点であれば 1, 2, 3, 4, 6, 9, 12 月,翌年の 3 月が限月である.)
取引最終日	各限月の第 2 金曜日の前日 (取引最終日の翌日が休日の場合は順次繰り上げ)
権利行使日	取引最終日の翌日
権利行使価格	前日の日経平均を基準に上下 2 本　500 円刻み.
権利行使スタイル	ヨーロピアン
決　済	権利行使 (差金決済),反対売買,権利放棄

株価指数オプションの主な取引目的を以下に示す.

- 現物株ポートフォリオの価格下落ヘッジ:この場合はプットを買う.実際には保有するポートフォリオの値動きと株価指数との乖離があるので,若干のヘッジ誤差がある.
- 投資目的の買い:プットまたはコール・オプションの買い.現物株の値動きを予想し,現物より少ないプレミアムを払うだけで,収益を狙う.先物と違って最大損失がオプション料までである.
- 投資目的の売り:プットまたはコールの売り.現物株の値動きを予想してオプションを売ってプレミアムをはじめに受け取り,権利放棄による収益を狙う.このポジションは権利行使された場合の損失が無制限に大きい.

現物株のポートフォリオを保有しているときに,株価指数オプションのプッ

[*22] 取引方法の詳細は [22], [50], [54] などを参照のこと.

トを買うと，図3.4のような損益図になる．この場合オプション・プレミアムの負担があるが，ポートフォリオの価値はそれ以上低下しない．また，株価が上がると，その恩恵を受ける点で先物との違いがある．

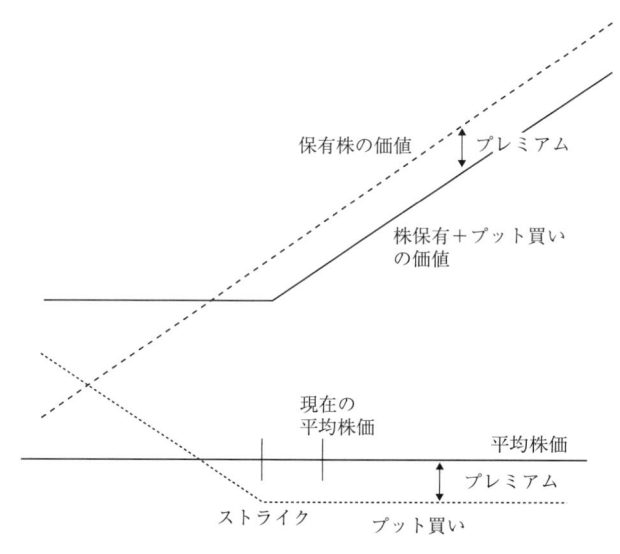

図 3.4 現物株＋プット・オプションの損益

表3.2は実際の取引価格例である．これより，1, 2ヶ月後といった比較的短期間の価格変動に対するヘッジ目的に取引されていることがわかる．

表 3.2 日経平均オプション (大証) 2002年8月13日

日経平均　9638.41 (終値)

コール	9 月		10 月	
行使価格	終値	売買高	終値	売買高
10000	230	1373	370	3
10500	90	3082	170	83
11000	30	2421	75	214
11500	9	2217	35	201
12000	3	634	15	98

プット	9 月		10 月	
行使価格	終値	売買高	終値	売買高
7500	10	2190	40	13
8000	25	532	80	62
8500	60	1441	145	377
9000	140	3524	245	304
9500	275	2203	415	116

3.3.2 その他の上場オプション

上場している金融オプションには，株式以外では通貨オプション，短期金利先物オプション，債券先物オプションなどがある．表 3.3 にこれらの概要をまとめて示す[*23]．

表 3.3 主要な上場オプション

	通貨オプション	円短期金利先物オプション	債券先物オプション
取引対象	日本円通貨先物 (円あたりの米ドル)	円短期金利先物	長期国債先物
上　場	CME	東京金融先物取引所	東京証券取引所
取引単位	1250 万円	先物 1 単位	額面 1 億円
限　月	3, 6, 9, 12 月 (1.5 年)	3, 6, 9, 12 月 (5 限月)	3, 6, 9, 12 月 (3 限月)
権利行使スタイル	アメリカン	アメリカン	アメリカン

委託証拠金や決済の仕組みなどで個別の違いはあるが，基本的には株価指数オプションと同様の使い方で取引されている．参考までに，表 3.4 に債券先物オプションの取引量や価格の例を示しておく．

表 3.4 債券先物オプション 9 月限 (東証) 2002 年 8 月 13 日

債券先物価格 9 月限　　140.05 (8/13 終値)

コール			プット		
行使価格	終値	売買高	行使価格	終値	売買高
138.5	-	0	138.5	0.02	63
139.0	1.27	3	139.0	0.04	185
139.5	0.81	3	139.5	0.11	1114
140.0	0.34	123	140.0	0.26	663
140.5	0.13	928	140.5	0.53	52
141.0	0.05	555	141.0	-	-

3.3.3 オプションの投資取引の例

オプションを買う目的はリスク・ヘッジが基本であるが，単にオプション価格の値上がり益を期待する投資取引もある．売り手には業務としてリスクをとる金融機関の姿があるが，オプションの値下がりに収益を期待する取引も行われている．前者はそのリスク管理技術を背景に行うものであり，これについては 4.3 節以降で詳しく考察することにして，ここでは投資目的の取引例を考える．

[*23] 取引方法の詳細は [22] や各取引所の HP [53], [54] を参照のこと．

すでに述べたように，買い手の場合は最大損失がオプション価格に限定され，予想した方向に相場が変化すれば大きな収益を得ることができる．逆に売り手は先にプレミアムが入り，市場の変化によっては限りなく損失を被るが，満期までに権利行使されることがなければ受け取ったプレミアムが全額収益になる．

表 3.2 をみると，10 月限より 9 月限のオプションの方が明らかに安い．例えばストライクが 10500 円のコールは 10 月限が 170 円で，9 月限は 90 円である．これは市場に変化がなければ，限月が 1 ヶ月近づくと 170 円のオプション価格が 90 円に値下がりすることを意味する．この現象の定量的な解釈は後に 4.3.2 項で行うが，市場に大きな変化がなければオプション価格は時間と共に低下する性質がある．このような値下がりを予想する場合にも売りポジションがとられる．

具体的な売りポジションの例を表 3.2 のケースで考えてみよう．表の 8 月 13 日時点での日経平均は 9638.41 円である．当面の株式相場は安定とみて，10 月末時点までに日経平均は 8000 円を下回ることはなく，かつ 11000 円を超えることもないと予想してみる．そして 10 月限月のプットとコールを売ることを考える．このように投資目的に合うように複数のオプションを組み合わせることをストラテジーという．

- コール (11000) 売り　75 円
- プット (8000) 売り　80 円

これはショート・ストラングルと呼ばれる手法で，株価が当面の間，大きく変動しないという予想に基づくストラテジーである．したがって，はじめにプレミアム 155 円 ($= 80 + 75$) を受け取り，10 月末まで日経平均が 8000 円以上 11000 円以下に納まっていれば 155 円の収益が確定するわけである．実際には図 3.5 のようになり，損益分岐点はオプション価格分だけ外側になる．

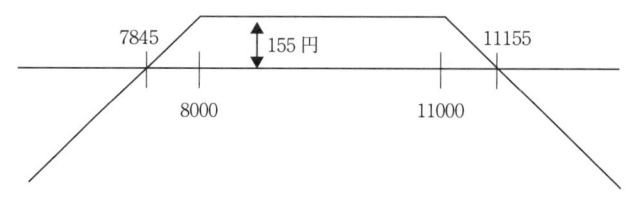

図 3.5　ショート・ストラングルのペイオフ

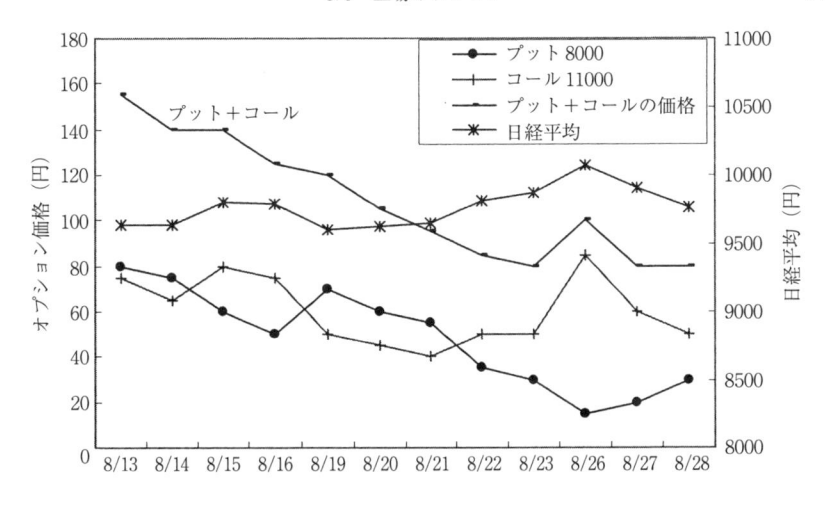

図 3.6 ショート・ストラングルのその後の価格変化

このショート・ストラングルのその後の価格変化を図 3.6 に示す．これによると，日経平均が上昇するとコールの価格が上がり，プットが下がる．日経平均が下がればその逆で，いずれの場合もコールとプットの価格変化がある程度打ち消しあう．日経平均が変動しないと，コールもプットも徐々に値下がりする．表 3.5 の例では 22 日にプットとコールを買い戻すと，値下がり分の 70 円の収益を得る．

表 3.5 ショート・ストラングルの収益

	コール	プット	合計	
8/13	75	80	155	受け取り
8/22	50	35	85	払い
差額	−25	−45	70	収益

もちろん，この例のようにいつも徐々に値下がりするとは限らない．場合によっては市場が不安定になり，ボラティリティ[*24]の上昇に伴ってコールとプットが同時に値上がりすることがある．また株価水準が大きく変動し，大きな損失を出すケースもある．したがって，相場が大きく変動しそうだと予想する人

[*24] 市場の不確実性の規模を表す指標．ボラティリティの説明と，オプション価格の関係については 4.1.4 項と 4.3.2 項を参照のこと．

は買いポジションをとる．いずれにしても株価が上がるか下がるかではなく，株価がしばらく落ち着いているか，それとも荒れるか，つまりボラティリティの変動を予測して売買するのが，オプション取引の特徴である．そしてさまざまな相場観に基づき，プット，コールや先物の売り・買いを組み合わせた多種多様なストラテジーが取引に使われている．

さらに多数のオプションを取引している場合，そのポートフォリオのリスクを定量的に把握することが必要となる．このリスク量を計るにはオプションの価格モデルが必要で，これについては 4.3.3 項で説明したい．

演習 3.2 株価指数オプションの価格をみて，収益が期待できそうなポジションをそれぞれ 1 単位構成し，ペイオフ曲線を作成せよ．そしてその後の損益がどうなったかを確認せよ．

4
オプションの価格付け理論

4.1 資産価格の挙動

オプション価格を求める理論は，実際の市場を理想化した数学モデルの中で展開される．その議論に入る前に，理想化された市場の意味や，資産価格の挙動をモデル化する考え方について説明したい．

4.1.1 市場が満たす条件
まず，市場は以下の条件を満たすものと仮定する．
 i) 裁定機会は存在しない．
 ii) 売買時に取引コストや税金がかからず，任意の量の売買が可能 (摩擦のない市場)．
 iii) 売買行為が市場に影響を与えない．
 iv) 空売りが可能．あるいは売りから始めて後で買い戻すことが可能．

これらの条件について，実際の市場取引との関係について考えてみると以下のようになる．

i) の無裁定条件はすでに何回か使ってきた．これは金融商品の価格付けの方法に課す条件である．その意味ではモデルの世界の話であり，実際の市場が無裁定かを問題としているわけではない．

一方，市場には裁定取引を行っている参加者が多数存在する．これは市場の歪みを見つけ，それがやがて解消すると予想して儲けようとする取引である．その意味では確実に利益を得るという意味の裁定ではなく，比較的高い確率で薄い利益を積み重ねていくものである．裁定取引は市場を無裁定にする機能をもっているので，次の 4.1.2 項であらためて説明する．

ii) の条件の取引コストとは売買に関わる情報コストや取引の執行コストなどを意味する．これが高いと取引が活発にならないので，市場の活性化に取引コストの低減は重要な課題である．

一方，実際の金融取引では売り手希望価格 (オファー・レート) と買い手希望価格 (ビッド・レート) との間にわずかな差がある．当然オファー・レートの方が高い．短時間でわずかな値幅の売買を繰り返すトレーダーにとってはこの開き (オファー・ビッド・スプレッド) はコストとして無視できない要因である．したがって取引コストはオファー・ビッド・スプレッドを意味する場合もある．逆に，取引が盛んな市場ほどオファー・ビッド・スプレッドが縮小する傾向にあるので，取引コストと市場の活性化とは密接な関係にある．

また，任意の量の売買が可能という条件はどんなに微小な量の取引でも行えるという意味である．例えば額面 5 万円の株式を 0.01 株でも売買可能ということになる．実際には 1 単位以上の売買しかできないので，1 単位が十分小さくみなせるほどの規模の取引を想定しておけば，この条件をほぼ満たしていることになる．

次に iii) の条件について考えてみよう．株式や債券などの大規模な売買注文によって，その価格が大きく変動する場合がある．これは売買する資産の取引量や発行量の有限性によるもので，株式なら発行株数の少ない企業ほど価格は取引の影響を受けやすい．一方では取引量の大きな為替市場であっても，中央銀行の介入によって為替レートが大きく変動することがよく知られている．中央銀行介入時の取引量も大規模であるが，介入という政策行為の影響も無視できない．介入時には市場参加者がなだれのように追随することがあるからである．したがって市場インパクトを与えない程度の規模の取引であれば iii) の条件はほぼ満たされているといえる．

iv) の条件は売りと買いが同じ条件で取引できることを意味している．通常「ものを売る」という行為は，売る時点で保有している商品を代金と交換することである．個人の株式取引などでは，まず買ってから値上がり後に売るという形が一般的だが，保有していない資産を先に売る行為 (空売り) から入りその後買い戻す仕組みがあれば，値下がり局面でも収益機会とすることができる．とくに先物取引では売りと買いが同じ条件で取引できる仕組みになっている．iii)

の条件とも関連するが，個別株については，空売りによる意図的な相場操縦を防ぐための法的な取引規制 (空売り規制) が制定されていることも認識しておきたい．

この他に，市場参加者の行動に関わるものとしては

v) すべての情報はすべての市場参加者に同時に伝わる．

という条件も重要である．情報が一部の市場参加者だけに伝わる市場だと，伝わらなかった人は収益機会を失ったり，理不尽な損害を被ることになる．そのような不公平な環境では参加者が減り，健全な市場は形成されない．現在では金融市場に影響を与えるニュースはすべての市場参加者に同時に伝わるよう公表される仕組みになっている．証券取引法でも，特定の重要情報を公表される前に知った人の市場取引や譲渡・譲受 (インサイダー取引) を禁じている．市場のモデル化を行う際に v) の条件は省略できるが，その理由は 4.1.3 項で述べる．

4.1.2 裁定取引の例

無裁定な市場の形成と深い関わりのある裁定取引について，その基本的な方法を限月の異なる株価指数先物の取引[*25]の例で考える．

金利が将来まで一定なら先物と先渡の価格は等しい．したがって現在時刻での日経平均を S_0，先物の限月までの金利と時間を r, T とするなら，先物価格 F は (2.11) より

$$F = S_0 e^{rT}$$

である．しかし，日経平均そのものを売買することはできないので，日経平均と先物との微妙な価格関係から収益機会を求めることは不可能である．

そこで限月の異なる先物の価格関係に注目してみる．限月が 9 月，12 月の日経平均先物の現在時刻での価格を F_9, F_{12} とし，簡単のため 9 月，12 月までの金利を一定と仮定し，単利で r_9, r_{12} と表すと，上式から

$$F_9 = S_0(1 + r_9 T_9)$$
$$F_{12} = S_0(1 + r_{12} T_{12})$$

[*25] 限月間スプレッド取引と呼ばれ，よく行われている取引の一つである．

である．ここで，T_9, T_{12} は現在時刻から 9 月，12 月の限月までの時間とする．現在時刻における，期間 $[T_9, T_{12}]$ の先渡金利 (フォワード・レート[*26)]) を r_f で表すと，上の 2 式より，

$$F_{12} = F_9\{1 + r_f(T_{12} - T_9)\} \tag{4.1}$$

となり，9 月ものと 12 月ものの価格関係が決まる．したがって限月の先のもののほうが金利分高い．実際にはフォワード・レートのその後の挙動は不確定なのでこのように単純ではないものの，金利の状況などから価格関係をある程度推定できる．先物は売りと買いが自由に組み合わせられるのでこの価格関係の歪みに注目した取引で利ざやを狙うわけである．

ある取引日に，限月が 9 月，12 月の日経平均先物の始値をそれぞれ 10180 円，10200 円とする．その後図 4.1 のように，価格差が逆転し，9 月，12 月ものがそれぞれ 10130 円，10120 円になったとする．この価格差が一時的な要因によるものと考え，9 月ものを 1 単位売り，12 月ものを 1 単位買っておく．初期資金ゼロでも，この時点で手元に 10 円の現金を保有できている．もしその日のうちに価格差の歪みが解消されると，9 月ものを 10080 円で買い戻し，12 月

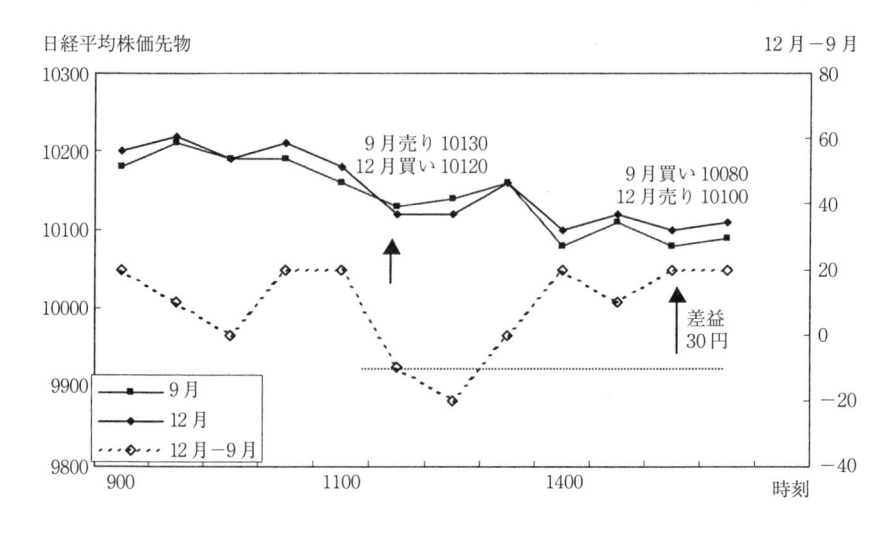

図 4.1 裁定取引の例

[*26)] フォワード・レートの詳細については 5.1.2 項を参照のこと．

ものを 10100 円で売れば差額 20 円の受け取りとなる．最初の売買で，手元に 10 円あったので合計 30 円の利益を得る．つまり歪んだ価格関係の解消によって利益を得たことになる．

実際には，金利の要因以外に各限月の先物の需給や相場観によって先物価格が形成されるので，いつも (4.1) 式の価格関係になっているとは限らない．当然，価格差が逆転した状態が続くこともあるので，無リスクな収益機会というわけではない．

しかし誰の目にも明らかな歪みであれば，上と同じ取引をする参加者が増える．その需給で 9 月ものは売られて安くなり，12 月ものは買われて高くなる．その結果として価格関係が本来あるべき形で均衡するとも考えられる．つまり，**裁定取引は市場の裁定機会を縮小させつづける機能を果たしている**といえよう．

4.1.3 株価変動の要因とモデル化

前項で述べた市場が満たす条件のもとで，資産価格の変動の仕組みを株価の例で考えてみよう．ここでは株価の不確実な変動のメカニズムを金融工学的に解釈することが目的で，企業株価の適性な水準を測ることまでは考えない．

まず業績好調や配当増が期待されると上昇，その逆なら下降する．これは企業の経営や行動に起因する個別要因であるが，それ以外の外部要因によっても株価は左右される．外部要因とは政策，経済状況，市場環境などである．表 4.1 は株式市場でよく経験する株価の上昇要因を例示したものである．もちろんこの逆のニュースは下落要因である．

表 4.1 企業株価の上昇要因の例

外部要因	個別要因
政府の大型景気対策の発表	革新的な新技術を開発
金利低下 (財務負担の減少)	競争力のある新製品を発表
国内株高 (消費マインド向上)	CM 好評で売上に貢献
円安 (為替差益を期待)	好調な企業業績を発表
海外株高 (外需に期待)	ライバル社が破綻
景気対策重視政権が誕生	大幅なリストラ計画を発表
短観指数の発表で景気底打ちの確認	自社株買いの計画を発表
大規模な戦争が終焉	外国企業と提携し経営トップが刷新

4.1.1 項の条件 v) より，さまざまなニュースはすべての市場参加者に同時に伝わる．参加者は刻々と伝わるニュースが，株価の上昇要因か下降要因かを判断しながら売買を繰り返す．

例 4.1 ある企業の株式の時価が 1000 円で，将来 10％の値上がりを期待させるニュースがあるとしよう．このニュースが市場に流れると同時に市場参加者はその株を買うが，いくらまで買い上げればよいのだろうか．条件 ii) より取引コストはゼロなので，この株式を 1100 円以下で 1 円でも安く買えるなら，1100 円になったときに売れば確実に収益が得られる．これは裁定機会の存在 (条件 i)) を許すことになるのであり得ない．逆に 1100 円以上の価格になっているとしよう．条件 iv) より空売りができるので，そこで空売りして 1100 円に戻ったときに買い戻せば収益が確定し，裁定機会を許すのでこれもあり得ない．したがってこの企業の株価はニュースの直後に 1100 円に上がってそのまま落ち着くはずである． ∎

> **✎ Notice!** このことは**現在の株価には将来の株価予想が織り込まれている**という自己回帰的な表現で解釈されている．つまり現時点で得られるすべての情報を分析した結果として現在の株価が形成されているという意味である．
> 　このように考えると，次の時刻の株価は次に入ったニュースのみに依存することになる．したがって**将来の資産価格は過去の情報の影響を受けず，新たに入ったニュースによってのみ変動する**と考えるわけである． ∎

市場参加者にとって次に起こる事件やニュースの内容は誰にもわからない．したがって将来の株価は誰にも予想できないことも意味しているのである．

この様子をニュースと市場参加者行動と株価変動の関係でまとめたのが図 4.2 の上の部分である．さらに市場参加者の行動を不確実なニュースの一部とみなせば市場参加者行動を省略できる．そのように簡略化したのが図 4.2 の下の部分である．不確実に発生するさまざまなニュースによって株価が変動するというモデルはこのような考え方に基づいている．この結果，われわれは条件 v) を省略してもかまわないことになる．

4.1 資産価格の挙動

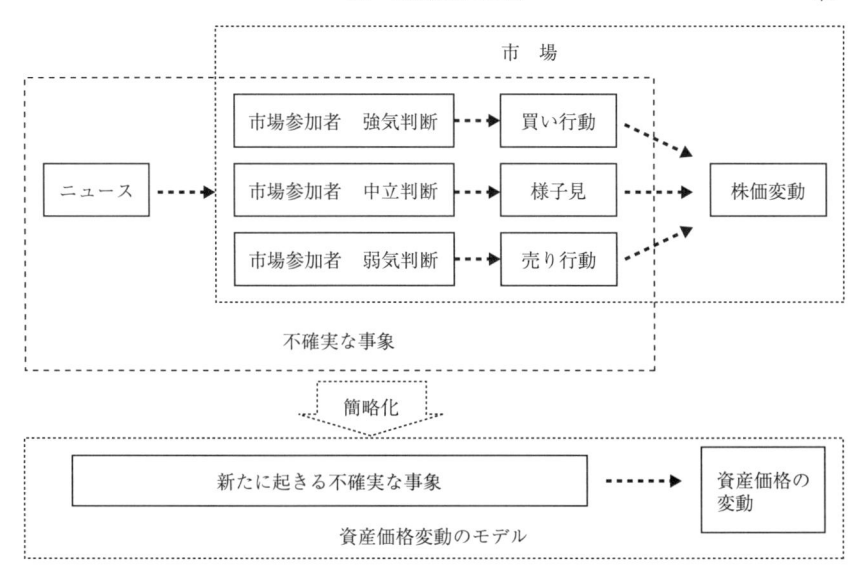

図 4.2 資産価格変動のモデル化

例 4.2 イラク攻撃前後の株価の動きを，NY ダウ平均とニュースの関係で振り返ってみよう (表 4.2, 図 4.3)．おおまかにいえば，3 月 14 日までは開戦を

表 4.2 イラク攻撃前後の株価の動きとニュース (2003 年)

日 付	ダウ平均	前日比	市場に影響したニュース
1 月 14 日	8842.26		1〜3 月の高値 (終値ベース)
3 月 4 日	7704.87	−132.99	イラク攻撃が始まるとの懸念
3 月 6 日	7673.99	−101.61	新規失業保険の週間申請件数増加
3 月 10 日	7568.18	−171.85	ロシアやフランスは，拒否権を行使する可能性．対イラク開戦の可能性
3 月 13 日	7821.75	269.68	対イラク戦争は避けられないが，即座に終了するとの憶測
3 月 17 日	8141.92	282.21	米主導の対イラク軍事行動が短期圧勝で終わるとの観測
3 月 21 日	8521.97	235.37	イラク戦争の早期決着の希望
3 月 24 日	8214.68	−307.29	週末のイラク戦況が，短期終結期待を後退させるものと受け止められる
3 月 31 日	7992.13	−153.64	対イラク戦の長期化に対する懸念．シカゴ地区購買部協会景気指数の低下
4 月 2 日	8285.06	215.20	米軍がイラクの共和国防衛隊を撃破し，首都バグダッドへ 30 キロに迫った
4 月 7 日	8300.41	23.26	米軍バグダッド中心部に進攻．一時 243 ドル上昇したが，戦後問題に関心が移り，売られる
4 月 9 日	8197.94	−100.98	バグダッド陥落．米景気や企業利益に対する懸念が強まる

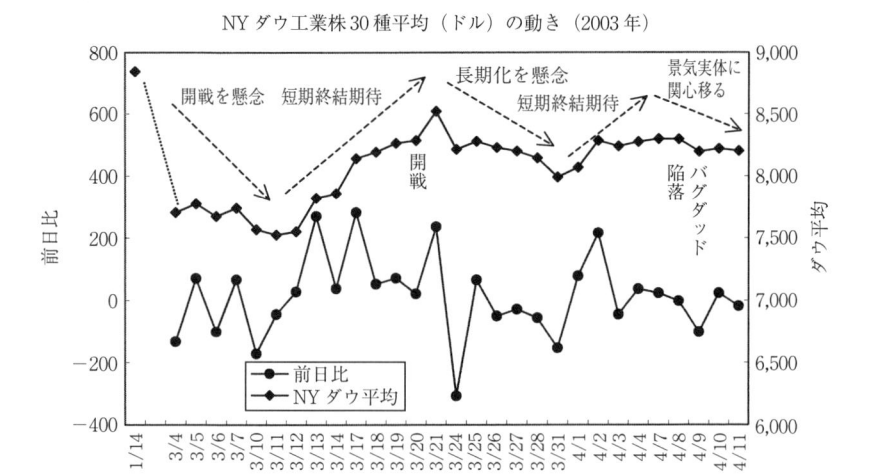

図 4.3 2003 年イラク攻撃前後の株価の動き

懸念して株価が下落．17日以降は軍事行動不可避となったものの短期終結期待で株価は上昇．開戦後の 24 日には長期化懸念が台頭し下落．4 月に入って短期終結期待で株価は上昇となった．この期間に NY ダウ平均が前日比 100 ドル以上変動したときの株価と，その日の市場に影響を与えたとみられているニュースを表 4.2 のようにまとめてみた．次々と起こる事象に対してつねに株価が変動している様子が認められるはずである．■

4.1.4　市場データによる資産価格の挙動分析

資産価格の挙動を確率論的にモデル化する前に，金融資産の市場価格がどのような挙動をしているのかを確認しておこう．ここでは実際の市場価格の挙動についての基本的な分析結果を示す．

時刻 t におけるある資産の価格を X_t と表し，時間 Δt 間隔で価格挙動を観測した場合，収益率は

$$\frac{X_{t+\Delta t} - X_t}{X_t}$$

で定められる．このとき，収益率の標準偏差を

$$\sigma\sqrt{\Delta t} \tag{4.2}$$

で表したとき，σ はボラティリティと呼ばれている．ボラティリティは単位時間あたりの収益率の標準偏差を意味しており，金融分野では1年を単位時間とするのが一般的である．

次に為替や株価などの市場での挙動を示そう．まず日経平均とボラティリティの挙動を図 4.4(a) に示す．ここでボラティリティは前日比で 30 日分のデータから算出している．これによると，ボラティリティはおおむね 15～30%の範囲で変動していることがわかる．

図 4.4(b) は前日比ベースでみたときの収益率の分布である．基本的に左右対

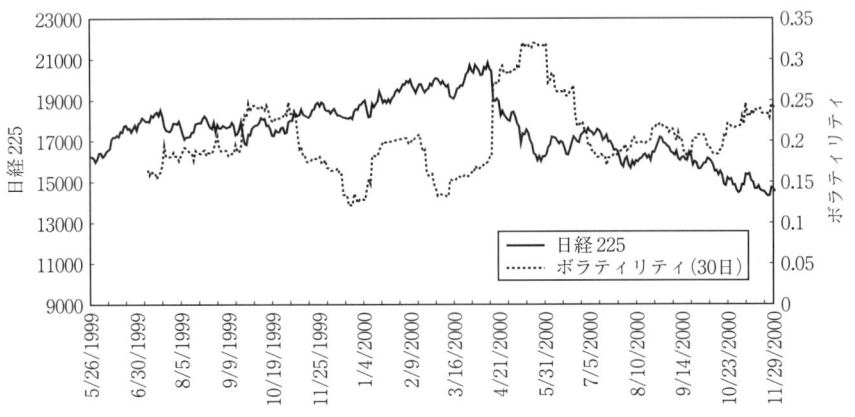

図 4.4(a)　日経平均株価指数とボラティリティの挙動 (1999 年 5 月 26 日～2000 年 11 月 29 日)

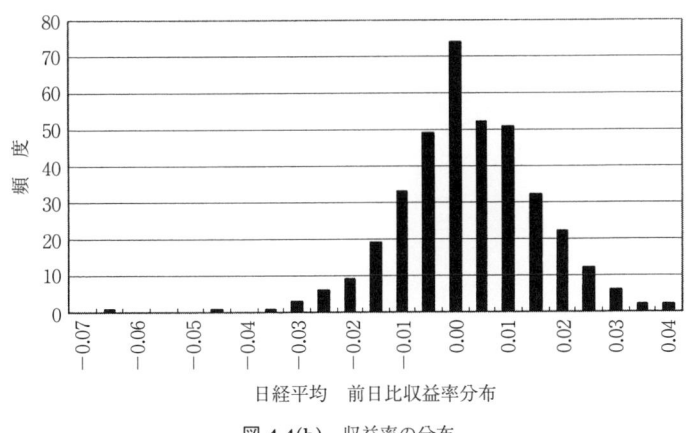

図 4.4(b)　収益率の分布

称な分布であり，正規分布に近い．しかし正規分布に比べて，ゼロ付近と両端での頻度が高い傾向が認められる．

図 4.4(c) は収益率の自己相関を示している．相関係数はほとんど 0.1 程度以下である．これは 4.1.3 項で説明したように，株価の変動は前日や過去の結果の影響にほとんど支配されていないことを意味する．

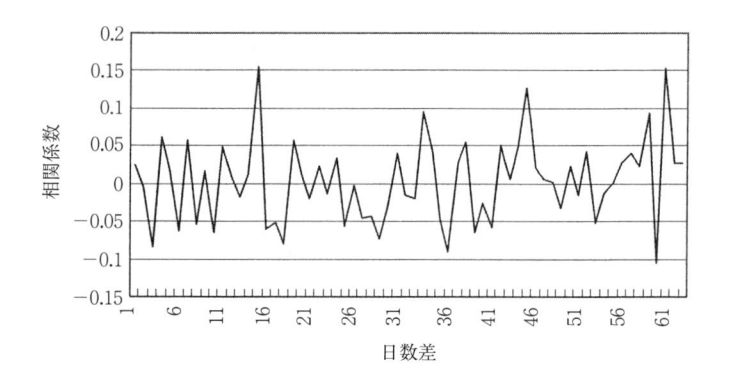

図 4.4(c)　日経平均　前日比収益率の自己相関

同様に図 4.5 と図 4.6 でドル円の為替レートと 6 ヶ月 LIBOR について示す．

演習 4.1　日経平均のデータから前日比ベースで収益率の標準偏差を計算したとする．この標準偏差から年率のボラティリティを求める際，(4.2) 式における Δt はいくらにするのが適切か．1 年 365 日で取引日数は 250 日として考えよ．

演習 4.2　図 4.5 と図 4.6 から為替レートと 6 ヶ月 LIBOR の挙動について考察を試みよ．

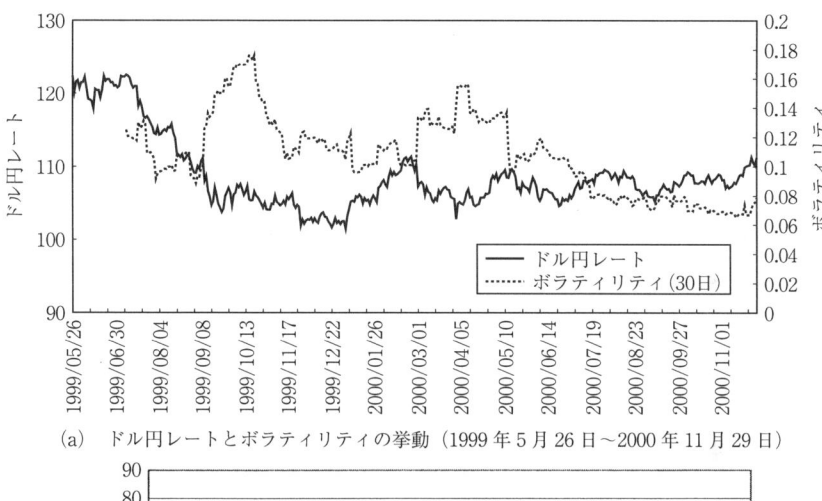

4.1 資産価格の挙動

(a) ドル円レートとボラティリティの挙動（1999年5月26日～2000年11月29日）

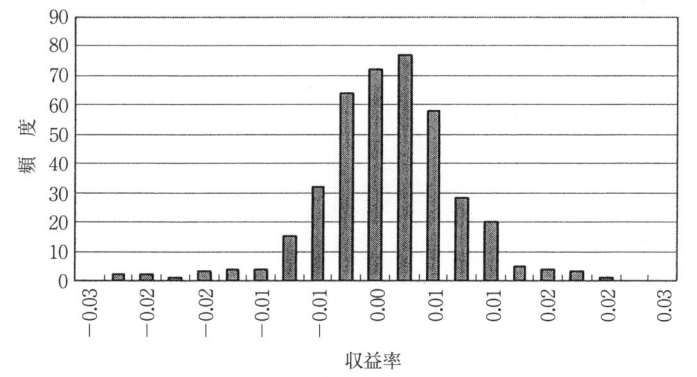

(b) ドル円レート前日比収益率分布

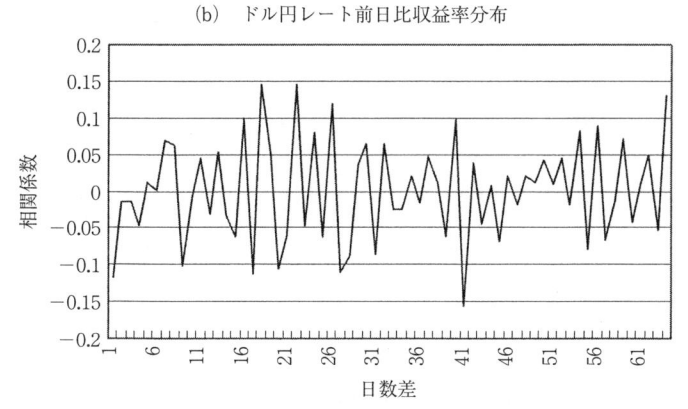

(c) ドル円レート前日比収益率の自己相関

図 4.5　ドル円為替レートの挙動

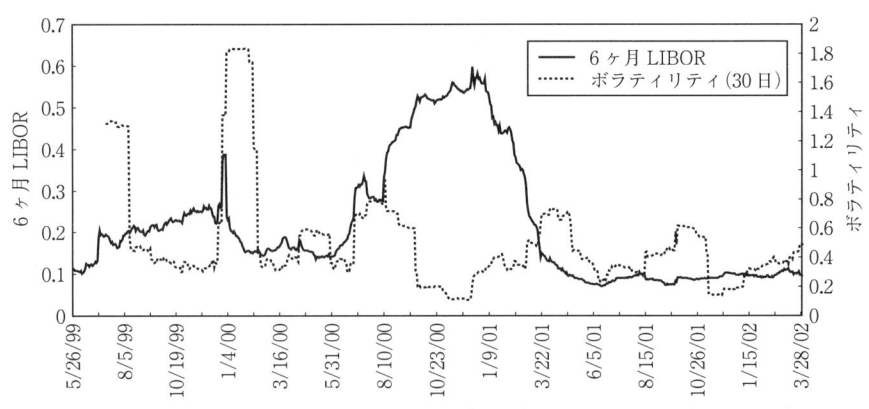

50   4. オプションの価格付け理論

(a) 6ヶ月 LIBOR とボラティリティの挙動（1999年5月26日〜2002年3月29日）

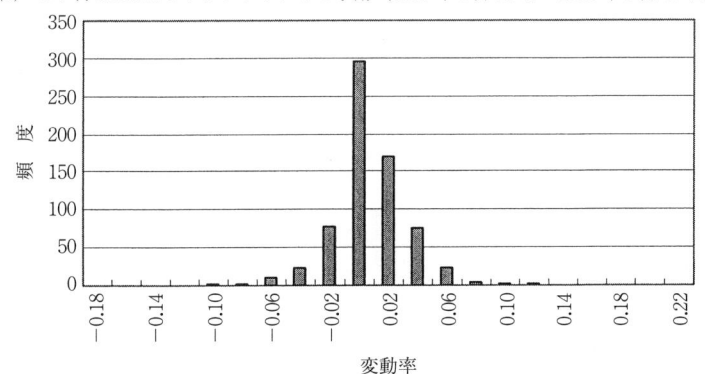

(b) 6ヶ月 LIBOR 前日比変動率の分布

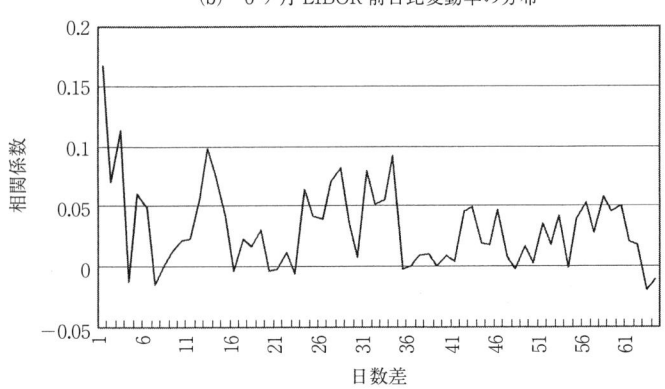

(c) 6ヶ月 LIBOR 前日比変動率の自己相関

図 **4.6** 6ヶ月 LIBOR の挙動

4.2 二項モデルによるオプション価格

4.2.1 一期間二項モデル

前節までの準備のもとで,オプション価格を求める方法を考えよう.例として,配当のない株式を原資産とするヨーロピアン・オプションを考える.このオプションの満期日を T 年後として,一期間二項モデルによる方法を説明する.これは T 年間に不確実なニュースが 1 件だけ伝わってくるモデルである.

現時点の株価を S, T 年後の株価を確率変数 X によって SX で表す.ここで X は実数値 $u>1$ か $0<d<1$ のみをとるものとし,ある確率測度 Q のもとで,

$$X = \begin{cases} u, & 確率\ q \\ d, & 確率\ 1-q \end{cases} \tag{4.3}$$

と表されるものである.つまり株価は確率 q で Su に上昇するか,確率 $1-q$ で Sd に下降するかである.

現時点でのオプションの価格を未知数 C で表し,T 年後のオプション価格を株価の変動に伴い C_d または C_u で表す (図 4.7).

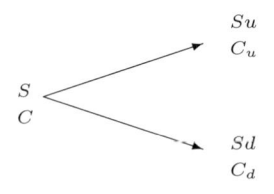

図 4.7 二項格子によるオプション評価

このオプションを売った人の立場で考えると,売り手はこのオプションを将来行使されるリスクをとったことになる.このリスクをヘッジするために,売ったオプション 1 単位につき,Δ 単位の株式を買っておく.ここで Δ は未知数である.そして T 年後に株価が上がった場合のポートフォリオの価値は,

$$\Delta Su - C_u$$

である．下がった場合は

$$\Delta Sd - C_d$$

となる．不確実性のないポートフォリオを構成するには，

$$\Delta Su - C_u = \Delta Sd - C_d$$

を満たすように Δ を決定すればよい．上式を Δ について解くと，

$$\Delta = \frac{C_u - C_d}{S(u - d)} \tag{4.4}$$

のときに，株価の変動に左右されない無リスクなポートフォリオになる．

これはオプションを1単位売っても，株式を Δ 単位買っておくことでリスク・ヘッジができていることを示している．ここで $\Delta > 0$ なら株式の購入，$\Delta < 0$ の場合は空売りを意味する．

このポートフォリオは $t = 0$ で

$$\Delta S - C$$

の価値で，T 年後には

$$\Delta Su - C_u = \Delta Sd - C_d$$

の価値が確定している．したがってこのポートフォリオの利回りは無リスク金利に等しいはずである (無裁定条件)．そこで無リスク金利を連続複利で r で表すと，

$$\frac{\Delta Sd - C_d}{\Delta S - C} = e^{rT} \tag{4.5}$$

となっているはずである．これを C について解き，(4.4) へ代入すると，オプション価格は次式で与えられる．

$$C = e^{-rT}\{pC_u + (1-p)C_d\} \tag{4.6}$$

ここで p は次式で定めたものとする．

$$p = \frac{e^{rT} - d}{u - d} \tag{4.7}$$

リスク中立評価法

(4.6) 式で得られたオプション価格式をみると，現実の株価の上昇下降確率 q は含まれていない．そこで P を

$$X = \begin{cases} u, & 確率\ p \\ d, & 確率\ 1-p \end{cases} \tag{4.8}$$

となる確率測度とし，$E_P[\ ]$ で P による期待値を表すと，(4.6) のオプション価格は

$$C = e^{-rT} E_P[C_T] \tag{4.9}$$

で表される．ここで C_T は T 年後のオプション価格であり，

$$C_T = \begin{cases} C_u, & 確率\ p \\ C_d, & 確率\ 1-p \end{cases}$$

と表される．したがって $E_P[C_T]$ は時刻 T におけるオプションのペイオフを確率測度 P でみた期待値である．

例 4.3 将来時刻における期待値の意味を宝くじの例で考えてみよう．ある宝くじの 1000 万円当たる確率は 100 万分の 1，1 万円当たる確率が 200 分の 1 とする．この確率を使って宝くじの賞金の期待値は

$$1000 万 \times 1/100 万 + 1 万 \times 1/200 = 10 + 50 = 60$$

より 60 円である．この意味で宝くじの抽選日での価値は当選賞金の期待値に等しいと考えることができる．　∎

一方，オプションの価値については，実際の事象発生確率ではなく，新しく構成した確率測度 P による期待値である点に注意しておきたい．そして (4.9) 式は，時刻 T でのオプション価格 $E_P[C_T]$ を無リスク金利で現在価値に割引いたものであると解釈するとわかりやすい．これは，オプション価格が最初に考えた確率 q によらず，P で測った確率 p で定まることを意味する．その意味で P はリスク中立測度と呼ばれ，この測度で (4.9) 式のようにオプション価格を評価することをリスク中立評価法と呼んでいる．そして便宜的に p をリスク中立確率と呼ぶこともある．

とくにヨーロピアン・コールの場合は行使価格を K とすると

$$C_T = \max(SX - K, 0) = \begin{cases} C_u \ (= \max(Su - K, 0)), & \text{確率 } p \\ C_d \ (= \max(Sd - K, 0)), & \text{確率 } 1 - p \end{cases}$$

である. したがってオプション価格は

$$C = e^{-rT} E_P[\max(SX - K, 0)] \tag{4.10}$$

で与えられる. (4.6) 式の形で表現するなら

$$C = e^{-rT}[p \max(Su - K, 0) + (1 - p) \max(Sd - K, 0)]$$

である.

考察 4.1 (ヘッジ・コスト)
3.1 節では (3.2) 式で,

$$\text{オプション価格} = \text{ヘッジ・コスト}$$

と表したが, 二項モデルにおけるオプション価格とヘッジ・コストとの関係について考えてみたい.

$t = 0$ の時点でコール・オプションを 1 単位売った場合, リスク・ヘッジのために株式を Δ 単位買うと, このポートフォリオの $t = 0$ での価値は

$$\Delta S - C$$

である. ここで, つねに $C, S > 0$ である.
まず

$$\Delta S - C \geq 0$$

の場合を考えよう. コール・オプションの場合は通常ヘッジ比率 Δ は正なので, 株式の購入資金 ΔS を調達しなくてはならない. 経験的にオプション価格 C より, 株式の購入代金 ΔS のほうが高い場合が多いからである. したがって不足資金 $\Delta S - C$ を借りて調達する. この調達資金の金利も r なので, 満期日

の T 年後には
$$(\Delta S - C)e^{rT}$$
を返さなければならない．一方無リスクなポートフォリオの価値は株価の上昇下降によらず T 年後に
$$\Delta S d - C_d \ (= \Delta S u - C_u) \tag{4.11}$$
である．ここで $-C_u$ と $-C_d$ はそれぞれ株価の上昇・下降時のオプションのペイオフに伴う支払いを意味している．つまり (4.11) 式はオプションのペイオフを精算し，保有株式をすべて売却した後の手元資金の金額を表している．(4.5) より
$$(\Delta S - C)e^{rT} = \Delta S d - C_d$$
なので，残った資金は調達資金の返済額に等しい．この結果，はじめにオプションの代金 C を受け取ったものの，株価の変動によらず最終的な手元資産はゼロになっている．いい換えれば，無リスクなポートフォリオを構成したために消費した資金，つまりヘッジ・コストが C に等しいことになる．

次に
$$\Delta S - C < 0$$
のケースを考えよう．例えば，プットのように株価が下がるとオプション価格が上がる場合のヘッジ比率 Δ は負で (株式を Δ 単位空売り)，$\Delta S - C < 0$ となる．いずれにしても，手元に
$$-(\Delta S - C)$$
の資金が残る．これを金利 r で運用すれば，上と同じ議論で T 年後の手元資産はゼロになる．したがってオプション価格 C はヘッジ・コストに等しいことがわかる．

演習 4.3 二項モデルのオプション価格式 (4.6) を導く際に，4.1.1 項の条件 i)〜iv) がどのように使われたかを確認せよ．

演習 4.4 上のヘッジ・コストの考察において，$\Delta S - C < 0$ のケースの詳細を確認せよ．

4.2.2 一期間二項モデルの計算例

一期間二項モデルでオプション価格を計算してみよう[*27]．

株価が現在 9750 円のときの 2 ヶ月 (60 日) 後のヨーロピアン・コール・オプションの価格を求めたい．2 ヶ月金利は 0.08% とする．2 ヶ月後の株価変動率をプラス・マイナス 10% と見込んで，

$$u = 1.1, \quad d = 0.9$$

とおく．したがって

$$Su = 10725, \quad Sd = 8775$$

である．$T = 2/12 = 0.16667$ より，

$$e^{rT} = \exp(0.0008 \times 0.16667) = 1.00013334$$

(4.7) より，リスク中立確率は

$$p = (1.00013334 - 0.9)/(1.1 - 0.9) = 0.5006667$$

である．オプション価格は下表のようになる．Δ はヘッジ比率を意味するので，行使価格 10000 円のコール・オプションを 362.9 円で 1 単位売った場合，その 37.2% 分の現物株を買っておけば，ヘッジできることを意味している．

株価コール・オプションの価格		
権利行使価格	価格	Δ
10000	362.9	0.372
10500	112.6	0.115
11000	0	0

演習 4.5 実際に上の計算を行い，いくつかの行使価格でのプットの価格を求めよ．

[*27)] 以下の計算には表記上の丸め誤差が含まれる．

考察 4.2 (ボラティリティ)

上の計算例からもわかるように,株価の変動確率 q はオプション価格に直接寄与しない.一方 (4.6) 式の形から株価の上昇率・下降率はオプション価格に影響するはずである.そこで,u, d の変化に対して,オプション価格がどう影響されるのかを確かめてみよう.まず上昇率,下降率をそれぞれ 20% とする.

$$u = 1.2, \quad d = 0.8$$

とおいて,上の例と同じ条件のもとでオプション価格を求めると,

$$Su = 11700, \quad Sd = 7800$$

である.リスク中立確率 p は上と同じ計算によって

$$p = 0.5003334$$

である.各権利行使価格におけるオプション価格を以下に示す.総じてオプション価格は高くなる.

株価コール・オプションの価格 (±20%)

権利行使価格	価格
10000	850.5
10500	600.3
11000	350.2

逆に株価変動を小さくし,上昇下降率をそれぞれ 5% にした場合を考えてみよう.

$$u = 1.05, \quad d = 0.95$$

とし,上の例と同じ条件で計算を繰り返すと,次の結果を得る.

$$Su = 10237.5, \quad Sd = 9262.5$$

このときリスク中立確率 p は

$$p = 0.501333$$

である．下表の結果のように，オプション価格は全体に安くなる．

株価コール・オプション (±5%)

権利行使価格	価格
10000	119.1
10500	0.0
11000	0.0

これらの結果は**株価変動の程度が大きいと予測されるほど，オプション価格が高い**という性状を示している．変動の程度を表す尺度にはボラティリティという概念が使われるが，これについては後にブラック–ショールズ・モデルの中で説明したい．

4.2.3 多期間二項モデル

次に一般の nT 年後に満期のあるヨーロピアン・オプションの価格を n 期間二項モデルで求めてみよう．このオプションのペイオフは，途中の経路 (株価) に依存しないで，nT 年後の株価のみで決まる．

まず，$n = 2$ のときを考える．X_1, X_2 は T 年後と $2T$ 年後の株価の変動を表す独立な確率変数で，当初の測度 Q で測ったときに，(4.3) と同じ分布をもつものとする．したがって T 年後，$2T$ 年後の株価はそれぞれ SX_1, SX_1X_2 で表される (図 4.8)．そして $2T$ 年後の株価が Su^2 に等しいときのオプション価格を C_{uu} とする．同様に C_{ud} $(= C_{du})$, C_{dd} を定める．前節のリスク中立評価法によると T 年後に株価が Su または Sd になったときのオプション価格はそれぞれ

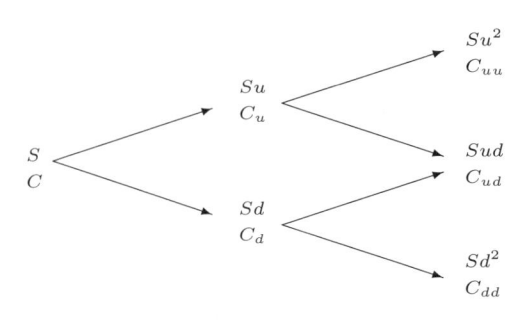

図 4.8 二期間二項格子によるオプション評価

$$C_u = e^{-rT}[pC_{uu} + (1-p)C_{ud}], \qquad C_d = e^{-rT}[pC_{ud} + (1-p)C_{dd}]$$

である．ここで p は (4.7) で与えられた確率である．上式を (4.6) に代入すると，$T = 0$ でのオプション価格は

$$C = e^{-2rT}[ppC_{uu} + 2p(1-p)C_{ud} + (1-p)(1-p)C_{dd}] \qquad (4.12)$$

である．また $2T$ 年後のオプション価格 C_{2T} はリスク中立測度 P でみて，以下の分布をもつことから，

$$C_{2T} = \begin{cases} C_{uu}, & \text{確率 } p^2 \\ C_{ud}, & \text{確率 } 2p(1-p) \\ C_{dd}, & \text{確率 } (1-p)^2 \end{cases}$$

(4.12) 式は

$$C = e^{-2rT} E_P[C_{2T}]$$

と表現できる．

$t = 0$ でのヘッジ比率 Δ_0 は (4.4) で与えられる．同様に T 年後のヘッジ比率 Δ_1 は

$$\Delta_1 = \begin{cases} \dfrac{C_{uu} - C_{ud}}{Su(u-d)}, & \text{if } X_1 = u \\ \dfrac{C_{ud} - C_{dd}}{Sd(u-d)}, & \text{if } X_1 = d \end{cases} \qquad (4.13)$$

なので，状況に応じたヘッジ比率のリバランスが必要である．

とくにヨーロピアン・コール・オプションの場合は，権利行使価格が K のとき

$$C_{2T} = \max(SX_1X_2 - K, 0) \qquad (4.14)$$

なので，これを (4.12) に代入して価格を求めればよい．

次に一般の nT 年後に満期のあるヨーロピアン・オプションを考えよう．二期間のときと同様に X_i は iT 年後 $(i = 1, \cdots, n)$ の株価の変動を表す確率変数で，(4.3) と同じ分布をもつものとする．そして帰納的にオプションの価格はリスク中立測度 P によって

$$C = e^{-nrT} E_P[C_{nT}] \tag{4.15}$$

で表される．ここで C_{nT} は nT 年後のオプション価格を表す確率変数．各時点でのヘッジ比率についても (4.13) と同様に，その時点での株価と次の時刻でのオプション価格から定めることができる．

とくに権利行使価格 K のヨーロピアン・コール・オプションの場合は，

$$C_{nT} = \max\left(S\prod_{i=1}^{n} X_i - K, 0\right) \tag{4.16}$$

で与えられる．ここで T 年後の株価 $S\prod_{i=1}^{n} X_i$ の分布はリスク中立測度 P でみたとき次の二項分布に従う．

$$E_P\left[S\prod_{i=1}^{n} X_i = S u^j d^{(n-j)}\right] = {}_nC_j p^j (1-p)^{(n-j)}$$

オプション満期が T 年後の場合にも，格子の期間を T/n 年とすれば，n 期間モデルを構成できる．この分割を細かくしていった極限が連続時間のモデルになるが，これについては次節で考察する．

考察 4.3

n 期間二項モデルにおいて一つのサンプルパスを考えてみる．このとき各 i 時点でのヘッジ比率は (4.4), (4.13) と同様に次式で与えられる．

$$\Delta_i = \frac{C_{i,u} - C_{i,d}}{S_i(u-d)} \tag{4.17}$$

ここで u, d はそれぞれの二項格子の中での株価の上昇・下降率．S_i は時刻 i での株価である．また $C_{i,u}, C_{i,d}$ は時刻 i で株価が S_i のときに $i+1$ 時点での株価の上下に対応するオプション価格である．

上式に従ってヘッジ比率を変えていけば，各時刻の二項格子の中ではヘッジできているので，期間全体を通して完全にヘッジできることになる．このように，状況に応じてヘッジ比率を調整していく方法をダイナミック・ヘッジと呼んでいる．

4.3 ブラック–ショールズ・モデル

4.3.1 多期間モデルの極限:ブラック–ショールズ公式

次に株価 S の挙動を連続的にモデル化することを考える.4.1.4 項での考察によって株価収益率の分布が正規分布に近いことから,収益率の二項モデルで期間分割を無限に細かくしてその極限を考えよう.時刻 T での株価を S_T とし,測度 Q のもとで,$\log(S_T/S_0)$ の期待値と分散はそれぞれ μT,$\sigma^2 T$ とする(図 4.9).

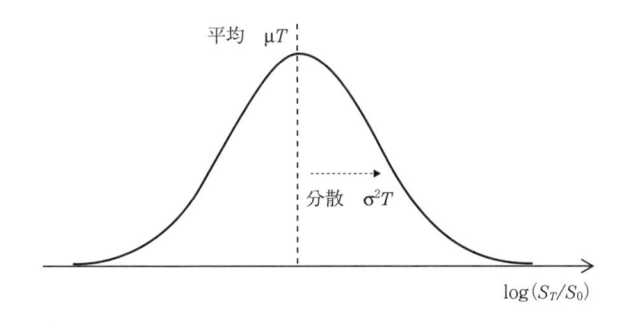

図 4.9 時刻 T での株価 S_T の分布 (測度 Q)

時間間隔 $[0, T]$ を n 等分し,n 期間二項モデルを考える.この期間全体を通して無リスク金利は一定と仮定する.多期間二項モデルのときのように,X_i は時刻 iT/n $(i = 1, \cdots, n)$ での株価の変動を表す確率変数で,(4.3) と同じ分布をもつものとする.

$$S_i = S_0 \prod_{j=1}^{i} X_j, \quad i = 1, \cdots, n$$

とくに満期時刻 T での株価を $S_T^{(n)} = S_n$ で表す.

このとき $\log(S_T^{(n)}/S_0)$ の期待値と分散が μT,$\sigma^2 T$ であるように X_i を定めたい.また μ と σ は $[0, T]$ 期間で一定と仮定する.そして X_i は次の分布に従うものとしよう.

$$\log X_i = \begin{cases} \dfrac{\mu T}{n} + \sigma\sqrt{\dfrac{(1-q)T}{nq}} \ (=\log u), & \text{確率 } q \\ \dfrac{\mu T}{n} - \sigma\sqrt{\dfrac{qT}{n(1-q)}} \ (=\log d), & \text{確率 } 1-q \end{cases} \quad (4.18)$$

したがって次式を得る.

$$E[\log X_i] = \frac{\mu T}{n}, \qquad V[\log X_i] = \frac{\sigma^2 T}{n}$$

各 X_i は互いに独立なことと

$$\log \frac{S_T^{(n)}}{S_0} = \sum_{i=1}^{n} \log X_i$$

から $n \to \infty$ の極限を考えると,中心極限定理[*28]によって $\log(S_T^{(n)}/S_0)$ の分布は期待値が μT,分散 $\sigma^2 T$ の正規分布に収束する.つまり $S_T^{(n)}$ の極限は時刻 T での株価 S_T を表している.

無リスク金利を1年あたりの連続複利で r と表すと,一期間 (T/n) で単位元金は $e^{rT/n}$ に増える.また u, d は (4.18) より

$$u = \exp\left\{\frac{\mu T}{n} + \sigma\sqrt{\frac{(1-q)T}{nq}}\right\} \quad (4.19)$$

$$d = \exp\left\{\frac{\mu T}{n} - \sigma\sqrt{\frac{qT}{n(1-q)}}\right\} \quad (4.20)$$

である.これを一期間モデルでの議論に適用すると,各時刻のそれぞれの二項格子におけるリスク中立確率は (4.7) より

$$\begin{aligned} p^{(n)} &= \frac{\exp(rT/n) - \exp\left\{\mu T/n - \sigma\sqrt{qT/(n(1-q))}\right\}}{\exp\left\{\mu T/n + \sigma\sqrt{(1-q)T/(nq)}\right\} - \exp\left\{\mu T/n - \sigma\sqrt{qT/(n(1-q))}\right\}} \\ &= \frac{\exp\left\{(r-\mu)T/n\right\} - \exp\left\{-\sigma\sqrt{qT/(n(1-q))}\right\}}{\exp\left\{\sigma\sqrt{(1-q)T/(nq)}\right\} - \exp\left\{-\sigma\sqrt{qT/(n(1-q))}\right\}} \end{aligned} \quad (4.21)$$

[*28] 中心極限定理:独立な確率変数 Y_i $(i=1,\cdots,n)$ について,$E[Y_i]=a$, $V[Y_i]=\sigma$ のとき,$\sum_{i=1}^{n}(Y_i-a)/\sqrt{n}$ は $n\to\infty$ のとき期待値 0,分散が σ の正規分布に収束する.詳細は [1], [3], [4] などを参照のこと.

と表される．このリスク中立測度でみたときの $\log(S_T^{(n)}/S_0)$ の分散は，各 X_i の独立性から

$$V_P\left[\log \frac{S_T^{(n)}}{S_0}\right] = np^{(n)}(1-p^{(n)})(\log u - \log d)^2$$

ここで

$$(\log u - \log d)^2 = \frac{\sigma^2 T}{nq(1-q)} \tag{4.22}$$

なので，

$$V_P\left[\log \frac{S_T^{(n)}}{S_0}\right] = p^{(n)}(1-p^{(n)})\sigma^2 T \frac{1}{q(1-q)} \tag{4.23}$$

を得る．一方 n を無限大にしたときの $p^{(n)}$ の極限は，ロピタルの定理から

$$\lim_{n\to\infty} p^{(n)} = q \tag{4.24}$$

となる[*29]．(4.24) を (4.23) に代入して次を得る．

$$\lim_{n\to\infty} V_P\left[\log \frac{S_T^{(n)}}{S_0}\right] = \sigma^2 T \tag{4.25}$$

同様に期待値は

$$E_P\left[\log \frac{S_T^{(n)}}{S_0}\right] = n\{p^{(n)}\log u + (1-p^{(n)})\log d\}$$

なので，(4.19)，(4.20) と (4.21) からロピタルの定理によって

$$\lim_{n\to\infty} E_P\left[\log \frac{S_T^{(n)}}{S_0}\right] = rT - \frac{\sigma^2 T}{2} \tag{4.26}$$

を得る[*30]．より一般化された形の中心極限定理 (例えば [5]) から，リスク中立測度 P のもとでの $\log(S_T^{(n)}/S_0)$ の分布は期待値が $rT - \sigma^2 T/2$，分散 $\sigma^2 T$ の正規分布に収束する．

[*29] 演習の解答例を参照のこと．
[*30] 演習の解答例を参照のこと．

したがって $\log(S_T/S_0)$ の分布はリスク中立測度 P のもとで，期待値が $rT - \sigma^2 T/2$，分散が $\sigma^2 T$ の正規分布である．この意味で σ は株価のボラティリティを表している．ここで，はじめに設定した株価の上昇率 μ が現れていないことに注意しておきたい．これはリスク中立測度 P のもとでは，無リスク金利とボラティリティのみで将来の株価の分布が与えられることを意味している (図 4.10)．

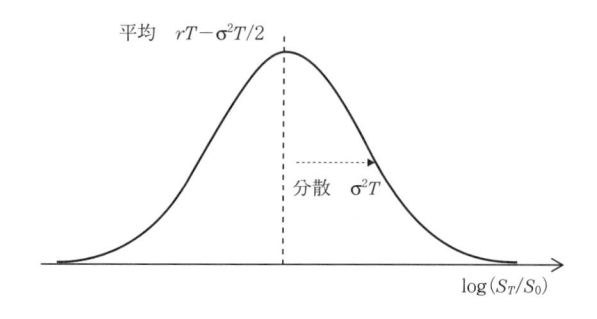

図 4.10 時刻 T での株価 S_T の分布 (リスク中立測度 P)

次に権利行使価格が K のヨーロピアン・コール・オプションの価格 C を導こう．リスク中立評価法によれば，オプションの満期日での価値は，そのペイオフのリスク中立確率による期待値

$$E_P[\max(S_T - K, 0)]$$

と考えることができる．したがって，このオプションの時刻 $t = 0$ での価格は，上を現在価値に割り引くことで，

$$C = e^{-rT} E_P[\max(S_T - K, 0)] \tag{4.27}$$

で与えられる．S_T が対数正規分布であることから，付録 A.2.1 項での計算により，

$$C = S_0 N(d_1) - K e^{-rT} N(d_2) \tag{4.28}$$

となる．ここで N は標準正規分布の累積分布関数，d_1, d_2 は

$$d_1 = \frac{\log(S_0/K) + (r+\sigma^2/2)T}{\sigma\sqrt{T}}, \quad d_2 = \frac{\log(S_0/K) + (r-\sigma^2/2)T}{\sigma\sqrt{T}} \tag{4.29}$$

で定まる定数である.

同様にヨーロピアン・プットの価格 P も

$$P = e^{-rT} E_P[\max(K - S_T, 0)] \tag{4.30}$$

から

$$P = -S_0 N(-d_1) + K e^{-rT} N(-d_2) \tag{4.31}$$

を得る.この式の中には株価の期待上昇率 μ や変動確率 q が現れず,無リスク金利 r とボラティリティ σ だけが現れているが,これは一期間二項モデルのオプション価格が変動確率 q に依存しないことに対応している.

(4.28), (4.31) の結果はブラック–ショールズ [33] の公式である.われわれはこれをコックス–ロス–ルービンシュタイン [38] の二項モデルの考え方によって導いたわけである[*31)].

実際の計算時において無リスク金利を決める際,参照する市場金利は LIBOR,TIBOR などのように単利で表示されていることが普通である.この場合は,期間 T の単利金利 $\bar{r}$ を (2.4) 式で連続複利 r に換算して上の公式を使えばよい.

演習 4.6 (4.24) と (4.26) を導け.

例 4.4 ブラック–ショールズ公式でヨーロピアン・コールとプット・オプション価格の計算を行ってみよう[*32)].
- 現時点での株価は 10000 円
- ボラティリティは年率 25%
- オプション満期までの期間は 3 ヶ月 (0.25 年)
- 権利行使価格は 10500 円
- 無リスク金利は連続複利で 1%

[*31)] 4.3.1 項の展開は [6] に従った.
[*32)] Excel などの表計算ソフトで組込み関数を使う場合, (4.29) 式の log には自然対数の ln を使うこと.

このとき

$$\log(S_0/K) = -0.04879$$
$$d_1 = -0.30782$$
$$d_2 = -0.43282$$
$$N(d_1) = 0.379109$$
$$N(d_2) = 0.332572$$
$$C = 307.8$$
$$P = 781.6$$

である.

図 4.11 に上の条件で権利行使価格を変えた場合のプット・コール・オプションのそれぞれのペイオフとオプション価格を示す.

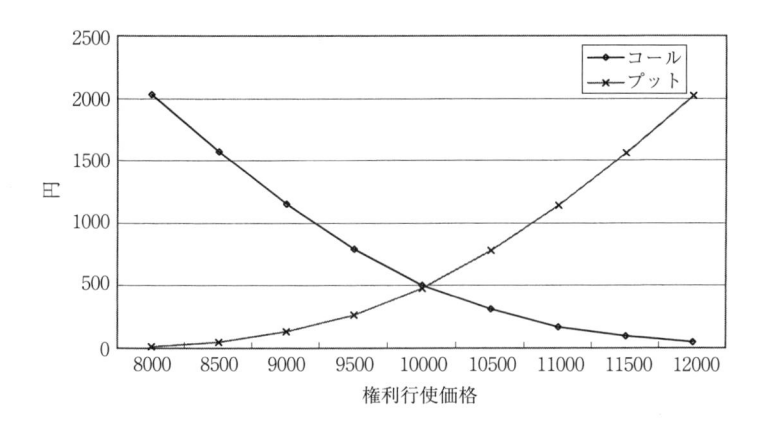

図 4.11 権利行使価格とオプション価格 (現在株価 10000 円)

演習 4.7 日経平均の時系列データからボラティリティを推定し,日経平均オプションの価格を求め,実際の取引価格と比較せよ.

プット・コール・パリティ

同じストライク K のコールとプットの価格差について考えてみよう．価格差は $C-P$ で表されるので，コールを 1 単位買い，プットを 1 単位売ったときの状態に等しい．満期日 T におけるこのポジションのペイオフは

$$\max(S_T - K, 0) - \max(K - S_T, 0) = S_T - K$$

である．したがって次を得る．

$$\max(S_T - K, 0) + K = \max(K - S_T, 0) + S_T$$

これは満期日 T においてコール・オプションのペイオフと金額 K の受け取りの和が，プット・オプションのペイオフと株価 S_T の受け取りの和に等しいことを意味する．裁定が起きないためには，現在時刻 $t=0$ において，コールを 1 単位保有し現金 $e^{-rT}K$ を金利 r で運用するポジションと，プットと株式を 1 単位ずつ保有しているポジションが等価なはずである．したがって次が成立する．

$$C + e^{-rT}K = P + S_0 \tag{4.32}$$

この関係はプット・コール・パリティと呼ばれ，コールの価格からプットの価格を導くことができることを意味している．

プット・コール・パリティはヨーロピアン・オプションに共通して成立する一般的な性質だが，ブラック-ショールズ公式からも導かれる．(4.28) と (4.31) より

$$C - P = S_0\{N(d_1) + N(-d_1)\} - Ke^{-rT}\{N(d_2) + N(-d_2)\} \tag{4.33}$$

である．ここで

$$N(d) + N(-d) = 1$$

を使うと次式を得るが，これは (4.32) に等しい．

$$C - P = S_0 - Ke^{-rT} \tag{4.34}$$

とくに金利が低く，オプション満期日までの期間が短い場合は

$$e^{-rT} \approx 1$$

と仮定できるので，(4.32) から次の近似式を得る．

$$C - P \approx S_0 - K \tag{4.35}$$

ブラック–ショールズ公式をプログラミングする際に，この近似式は簡便なチェックに利用できる．詳細な検証には (4.32) を使えばよい．

例 4.5 前の例では

$$C - P = -473.8$$
$$S_0 - K = -500$$

であり，$C - P \approx S_0 - K$ となっていることがわかる． ∎

注 4.1 本来のブラック–ショールズ・モデル [33] は株価の挙動を連続時間の確率微分方程式でモデル化している．それはある確率空間 $(\Omega, \mathcal{F}, \mathsf{P})$ 上で

$$\frac{dS}{S} = \mu\, dt + \sigma\, dB \tag{4.36}$$

として与えられる．ここで B はブラウン運動，μ は期待収益率である．係数 σ は S の価格変動率の標準偏差 (単位時間あたり) を意味し，4.3.1 項のボラティリティを連続時間で表現したものに相当する．これを無リスクなポートフォリオを構成する条件と満期でのペイオフを境界条件として解けば，(4.28) 式と (4.31) 式が得られる．このとき，(4.36) を解く過程で，オプションを 1 単位売った場合にポートフォリオを無リスクにするためのヘッジ比率を $\partial C/\partial S$ として与えている．そして (4.17) 式は $\partial C/\partial S$ の差分形になっていることから，(4.17) 式の Δ_i が連続時間モデルでのヘッジ比率に対応していることが理解できる．

本書ではこのアプローチをとっていないが，以下ではブラック–ショールズ公式を使うという広い意味で，ブラック–ショールズ・モデルということにする．

4.3.2　ブラック–ショールズ・モデルのリスク指標

次にブラック–ショールズ公式に基づくオプションのリスク管理手法について説明しよう．ブラック–ショールズ・モデルでは原資産価格の変動に対して

連続時間でのヘッジを想定している．しかし連続的なヘッジは実現不可能であり，ボラティリティも満期まで一定とは限らない．したがって実際のリスク管理はオプション価格式に含まれる満期までの時間 T，原資産価格 S，ボラティリティ σ などのパラメータの変化に対するオプション価格の変化を評価する方法がとられている．

(1) デルタ

株価 (原資産価格) の変化に対するオプション価格の変化率はデルタ (Δ) と呼ばれ

$$\Delta = \frac{\partial C}{\partial S}$$

で定められる．これは n 期間モデルのヘッジ比率に対応している．コール・オプションの場合は (4.28) より

$$\begin{aligned}
\Delta = \frac{\partial C}{\partial S} &= \frac{\partial \{S_0 N(d_1) - Ke^{-rT}N(d_2)\}}{\partial S} \\
&= N(d_1) + S_0 N'(d_1)\frac{\partial d_1}{\partial S} - Ke^{-rT}N'(d_2)\frac{\partial d_2}{\partial S} \\
&= N(d_1)
\end{aligned} \quad (4.37)$$

となる．(4.37) 式の導出は付録の A.2.2 項に記した．このとき

$$S_0 N'(d_1) = Ke^{-rT}N'(d_2) \quad (4.38)$$

の関係[*33]を用いることに注意しておく．プットの場合も同様にして

$$\Delta = \frac{\partial P}{\partial S} = N(d_1) - 1 \quad (4.39)$$

である．導出の過程は付録の A.2.2 項を参照のこと．このデルタ分の株式を保有 (もしくは売却) してデルタをゼロ (デルタ・ニュートラル) になるよう管理することを，通常デルタ・ヘッジと呼んでいる．図 4.12 に，コール・オプションを買い，ヘッジしていないときとデルタ・ヘッジしたときの，ポートフォリオ価値の変動の様子を示す．これからもデルタ・ヘッジの効果が直感的にわかるはずである．

[*33] 付録の A.2.2 項 (A.13) 式を参照のこと．

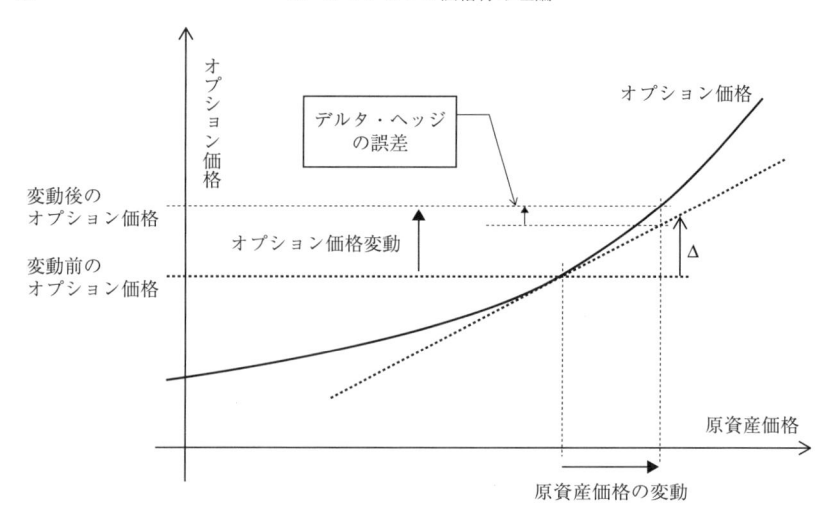

図 4.12 コール・オプションのデルタ・ヘッジとヘッジ誤差

(2) ガンマ

実際のデルタ・ヘッジは離散的な時間間隔で行うため，その間に原資産価格が大きく変化すると図 4.12 のように誤差が生じる．それで原資産の変動に対する 2 次微係数をガンマと呼び，これを管理すると 2 次近似の精度でリスクを評価できる．コール・オプションのガンマ (Γ) は

$$\Gamma = \frac{\partial^2 C}{\partial S^2} = \frac{\partial \Delta}{\partial S} = \frac{\partial N(d_1)}{\partial S} = \frac{N'(d_1)}{S_0 \sigma \sqrt{T}} \tag{4.40}$$

である．ここで $N'(d)$ は標準正規分布の密度関数そのものに等しい．プットのガンマも同様にして

$$\Gamma = \frac{N'(d_1)}{S_0 \sigma \sqrt{T}} \tag{4.41}$$

でコールのガンマと等しい．

コールやプットのオプション価格は原資産価格に対して下に凸な関数なので，買いポジションの場合ガンマは通常プラスの値をとる．金融機関はオプションの売りポジション (リスクの引き受け側) をとっている場合が多いので，デルタ・ヘッジのみの状態だとガンマはマイナスである．

例 4.6 4.3.1 項の計算例の条件でデルタ，ガンマを求めると，

$$N(d_1) = 0.3791$$
$$N'(d_1) = 0.3805$$
$$\Delta = 0.3791 \ (\text{call}), \quad -0.6209 \ (\text{put})$$
$$\Gamma = 0.000304 \ (\text{call} = \text{put})$$

である．したがってこのコール・オプションを1単位売っている場合は約0.38単位の株式を保有することでデルタ・ニュートラルになる．株価の変動dSに対するオプション価格の変化dCは

$$dC = \Delta dS + \frac{\Gamma dS^2}{2} + \cdots$$

と表される．株式なら1週間で5%程度の価格変動は十分あり得る．この場合デルタ・ニュートラルなポートフォリオをはじめに構成して，そのままにしておくと，

$$500 \times 500 \times 0.000304/2 = 38.0$$

より38円の損失が生じる．これはオプション価格の1割以上に相当する大きさである．この例での株価に対するデルタ，ガンマの様子を図4.13に示す．通常アウト・オブ・ザ・マネー側でのオプション取引が多いが，この図にみるように，ガンマはアト・ザ・マネーからややアウト・オブ・ザ・マネー側にかけて最大になる．■

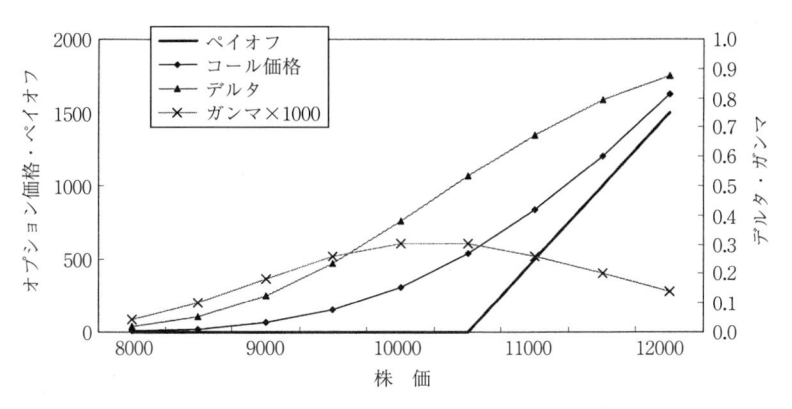

図4.13 コール・オプションのデルタとガンマ (ガンマは1000倍表示)

(3) ベガ

ブラック–ショールズ・モデルはボラティリティが満期まで一定のモデルであるが，実際にはボラティリティは日々変化している．ボラティリティが上がるとオプション価格も高くなる関係にあり，この感応度をベガ (V) という．

コール・オプションのベガは

$$V = \frac{\partial C}{\partial \sigma}$$
$$= S_0 N'(d_1)\frac{\partial d_1}{\partial \sigma} - Ke^{-rT}N'(d_2)\frac{\partial d_2}{\partial \sigma}$$

で，(4.38) から

$$V = S_0\sqrt{T}N'(d_1) \qquad (4.42)$$

を得る．プットの場合も同様に

$$V = S_0\sqrt{T}N'(d_1) \qquad (4.43)$$

となり，コールのベガに等しい．

(4) セータ

市場環境が一定でも，オプション価格は時間とともに変化する．この時間経過に対するオプション価格の変化率をセータ (Θ) という．時間の経過は T の減少なので，T による偏微分とは符号が逆になる．コール・オプションのセータは (4.38) から

$$\Theta = -\frac{\partial C}{\partial T}$$
$$= -S_0 N'(d_1)\frac{\partial d_1}{\partial T} - rKe^{-rT}N(d_2) + Ke^{-rT}N'(d_2)\frac{\partial d_2}{\partial T}$$
$$= -\frac{S_0 \sigma}{2\sqrt{T}}N'(d_1) - rKe^{-rT}N(d_2) \qquad (4.44)$$

である．$N'(x) > 0$ なのでつねに $\Theta < 0$ である．したがって市場環境に変化がなければコール・オプションの価値は時間とともに減少していくことを示している．

プットの場合は

$$\Theta = -\frac{S_0\sigma}{2\sqrt{T}}N'(d_1) + rKe^{-rT}N(-d_2) \tag{4.45}$$

である.この場合セータの正負は一定ではないが,経験的にセータがプラスになることは稀である.

(5) ロー

オプション価格の金利変化に対する感応度をロー (ρ) という.コール・オプションのローは (4.38) から

$$\begin{aligned}\rho &= -\frac{\partial C}{\partial r} \\ &= -S_0 N'(d_1)\frac{\partial d_1}{\partial r} - KTe^{-rT}N(d_2) + Ke^{-rT}N'(d_2)\frac{\partial d_2}{\partial r} \\ &= KTe^{-rT}N(d_2) \end{aligned} \tag{4.46}$$

である.プットの場合は

$$\rho = -KTe^{-rT}N(-d_2) \tag{4.47}$$

である.

これらのリスク指標はギリシャ文字で呼ばれていることから,総称してグリークスと呼ばれている.

例 4.7 4.3.1 項の計算例の条件でベガ,セータ,ローを求めると,

$$V = 1902.4 \ (\text{call} = \text{put})$$
$$\Theta = -986.0 \ (\text{call}), \quad -881.3 \ (\text{put})$$
$$\rho = 870.8 \ (\text{call}), \quad -1747.6 \ (\text{put})$$

である. ∎

例題のコールとプット・オプションを同時に売っていれば,デルタとローはほぼ打ち消しあうので,ベガとセータが残っている.したがってセータによる 1 日あたりの価格変化は $\Theta \times 1/365$ なので,コールの 1 日あたりの値下がりは

$$986.0/365 \approx 2.7$$

プットで

$$881.3/365 \approx 2.4$$

より，これらを足すと約 5.1 円である．したがって 1 日あたり 5 円強 (オプション価格の約 0.5%) の値下がり益が期待できるが，あくまでも市場に変化がない前提での話である (図 4.14)．

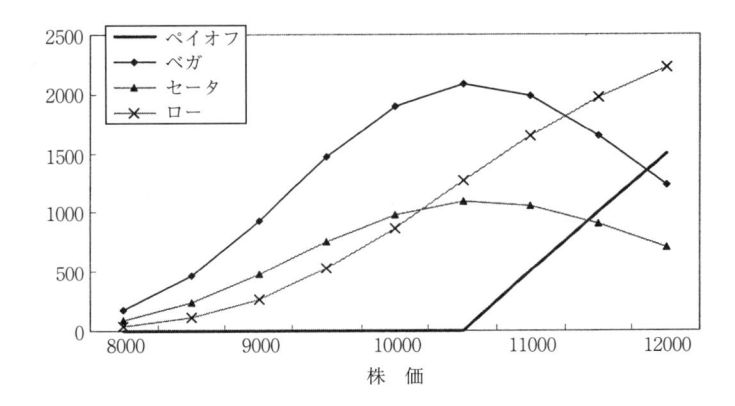

図 4.14 コール・オプションのベガ，セータ，ロー (セータは絶対値表示)

一方ボラティリティの 1 日あたりの変動は通常 1%程度以下であるが，稀に 10%以上変動する場合がある[*34]．この場合，例題のオプションの価格変化は

$$V \times 0.1 = 1902.4 \times 0.1 = 190.24$$

であり，オプション価格の数十%規模の大きな変動となる．このことからも，ボラティリティに対するオプションの価格感応度の高さがわかる．

例 4.8 オプション価格と原資産の価格関係を事例でみてみよう．図 4.15 は日経平均オプションと日経平均の価格の挙動を示したもので，横軸に日経平均の終値，縦軸はその日のオプションの終値である．図の軌跡から両者の価格関係を把握できるはずである．この期間のボラティリティは 25%前後で安定的に推移していたので，ベガの影響は弱いと考えてよいだろう．したがって直感的には軌跡の勾配がデルタ ($\partial C/\partial S$) に相当している．デルタとはこの価格の変化

[*34] 4.3.3 項参照．

比率のことなので，この比率でオプションと原資産を逆売買しておけば，短い期間のデルタ・ヘッジができることが，図 4.15 からも理解できるはずである．

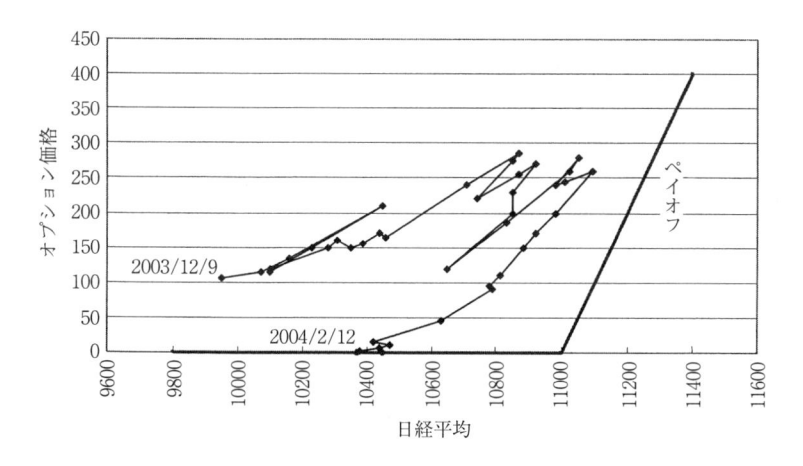

図 4.15 オプション価格と原資産価格の変化 (2003 年 12 月 9 日〜2004 年 2 月 12 日　終値) 日経平均コール・オプション (ストライク 11000 円，満期 2 月) と日経平均

また，グラフの軌跡が全体的に下に凸な性状が認められるが，これがガンマの意味するものである．さらに，オプション価格は日経平均に連動して変化しつつ，徐々に低下していく様子も認められる．セータはこの性質を表しているのである． ■

4.3.3　インプライド・ボラティリティとリスク評価

ブラック–ショールズ・モデルに用いられるパラメータは金利 r，現在 ($t=0$) の株価 S_0，ストライク K，権利行使日までの時間 T，ボラティリティ σ である．このうち r と S_0 は市場データから直接得られ，K と T は取引時に決まる．そしてボラティリティだけが定かではない．4.1.4 項のように過去のデータから σ を推定する方法もあるが，この方法で得たボラティリティはヒストリカル・ボラティリティ (HV) と呼ばれ，観測期間や，データの間隔によって数値が異なる．

過去のある一定期間に市場が安定していればヒストリカル・ボラティリティ

は低い数値を示すが，政策的な節目を迎える時期であれば，その先まで安定状態が続くとは期待できない．このような場合，市場で取引されるオプション価格はヒストリカル・ボラティリティから導いたオプション価格より割高になりがちである．必ずしもヒストリカル・ボラティリティからオプション価格が決まるとは限らないのである．むしろオプションそのものの需給がオプション価格に影響を与えている傾向さえみられる．

したがって市場のオプション価格から，(4.28), (4.31) 式によってボラティリティを逆算することも行われている．これはヒストリカル・ボラティリティと区別してインプライド・ボラティリティ (IV) と呼ばれ，取引時の重要な指標となっている．実際，権利行使日までの時間 T や株価 S は日々変化していくので，オプションの市場価格が前日に比べて割高か割安かを価格をみるだけでは直接判断できない．この場合でもボラティリティの変化をみることで，オプション価格の相対的な比較が可能になる．また，リスク指標を導く際にもインプライド・ボラティリティを使うのが一般的であり，リスク管理においても重要な役割を果している．しかし，インプライド・ボラティリティはブラック－ショールズ公式から陽な形で導けないので，(4.28), (4.31) 式を σ についての非線形方程式とみて数値計算によって解くことになる (図 4.16)．その具体的な計算方法は付録の A.3 節に示した．

オプション市場価格：C ⇒ ブラック－ショールズモデル ⇒ インプライド・ボラティリティ：σ ⇒ ブラック－ショールズモデル ⇒ リスク指標 $\Delta, \Gamma, V, \rho, \theta$

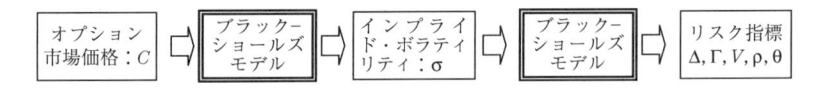

図 **4.16** 市場で取引されているオプション価格からリスク指標を算出

例 4.9 図 4.17 のグラフはインプライド・ボラティリティの変化の様子を示す．これはボラティリティが一日で約 15% も上昇した珍しい事例である．2002 年の 10 月 7 日は不良債権処理に関わる閣僚発言に嫌気した株式市場が全面安となり，先行きの不安感がオプション価格を上昇 (ボラティリティも上昇) させたと考えられている． ∎

例 4.10 表 3.2 のケースで 10 月限オプションのインプライド・ボラティリティを実際に計算すると図 4.18 のようになる．

4.3 ブラック–ショールズ・モデル

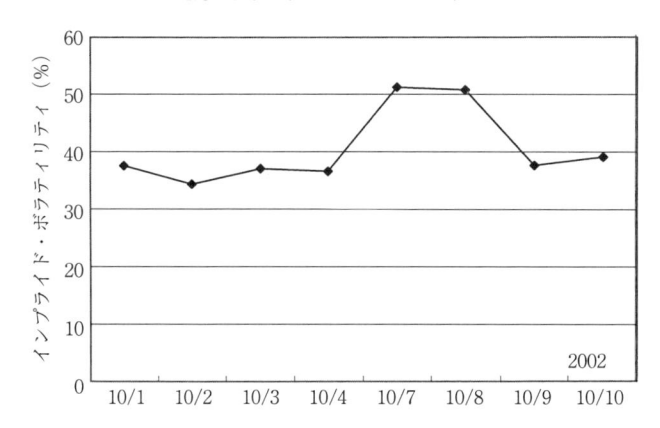

図 4.17 インプライド・ボラティリティの時系列　日経平均オプション
(インプライド・ボラティリティは日本経済新聞の公表値による)

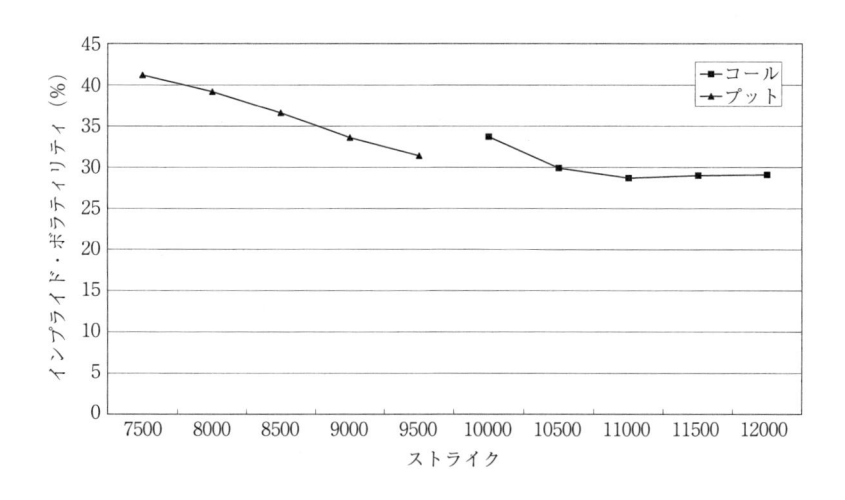

図 4.18 日経平均オプションのインプライド・ボラティリティ　2002 年 8 月 13 日

この図が示すように，インプライド・ボラティリティは権利行使価格によって一定ではない．この曲線は通常アト・ザ・マネー付近で低く，イン・ザ・マネーとアウト・オブ・ザ・マネー側で高くなるのでボラティリティ・スマイルと呼ばれる．上の例では全体的に右下がりだが，この場合はボラティリティ・スキューといって，これも日常的にみられる現象である．これは株価の挙動が対

数正規分布では説明しきれないことを示している．したがって株価の挙動をより現実に近くモデル化するためにさまざまな研究が行われてきているが，総合的な実用性に優れるブラック–ショールズ・モデルは今後も広く使われていくと考えられる．　■

4.3.4　オプション・ポートフォリオのリスク評価

実際にリスク値を算出する場合，必ずしも前項で示した偏微分の形からグリークスを導いているわけではない．数値を出すという目的に限れば，差分による近似でも十分使えるからである．これを Δ の場合で説明しよう．現在の株価が S_0 のとき，あるコール・オプションの価格が $c(S_0)$ で表されるとする．このとき Δ は

$$\Delta \approx \frac{c(S_0 + h) - c(S_0)}{h} \tag{4.48}$$

で近似でき，h を小さく設定すれば実用上十分な精度を得る．この方法だとオプション価格を算出するプログラムさえあれば，上の形でさまざまなリスク指標を導けるという点でも実用性に優れている．

ブラック–ショールズ・モデルのリスク値は各パラメータの変化に対するオプション価格の変化を意味しているので，異なるオプションの組み合わせからなるポートフォリオであっても，それぞれのリスク値を合算したものがポートフォリオ全体のリスク値となる．この考え方に基づいて，3.3.3項で例示した8000円プット売り，11000円コール売りのショート・ストラングルのリスクを評価してみよう．無リスク金利は 0.01%，プットのインプライド・ボラティリティは 39%，コールのインプライド・ボラティリティは 29% とする．

表 4.3 によるとデルタとローはほぼ相殺され，ガンマとベガでマイナス (ガンマ・ベガ・ショート)，セータでプラス (セータ・ロング) になっていることがわかる．

表 4.3 ショート・ストラングルのリスク値　2002 年 8 月 13 日

	Δ	Γ	V	Θ	ρ
Put 8000	−0.10	0.00012	690	−830	−170
Call 11000	0.14	0.0002	870	−780	210
Put+Call 売り	−0.04	−0.00032	−1560	+1610	−40

例えば，株価が高々200円の上昇，ボラティリティは最大0.5%上昇，金利変動なしという安定的なシナリオを想定してみよう．この場合の9日後の価格変動は

$$\text{デルタ} + \text{ガンマ} + \text{ベガ} + \text{セータ} = -0.04 \times 200 - 0.00032 \times 200^2/2$$
$$-1560 \times 0.005 + 1610 \times 9/365$$
$$= -8.0 - 6.4 - 7.8 + 39.7$$
$$= 17.5$$

で17円強の収益が見込まれ，その要因はセータが支配的になっていることがわかる．

このポートフォリオのその後の様子をみると，9日後の8月22日には日経平均終値は9814.02円，プット35円，コール50円の計85円になり，結果として

$$155 - 85 = 70$$

より70円という期待以上の値下がりによる収益を得ている．これは株価は予測の範囲内に納まっていたが，インプライド・ボラティリティがプットで37%，コールで25.0%に低下した効果によるものと考えられる（表4.4）．

表4.4 ショート・ストラングルのインプライド・ボラティリティ

	8/13		8/22	
	終値	IV	終値	IV
Put 8000	80	39	35	37
Call 11000	75	29	50	25

ベガ値を使って，ボラティリティ低下の寄与分を計算すると，

$$690 \times (39 - 37)/100 + 870 \times (29 - 25)/100 = 48.6$$

より48円強である．したがって収益の大半がボラティリティの低下によるものであるとみることができる．このように，ブラック–ショールズ・モデルはオプション取引における損益の要因を定量的に分析する手段としても使うことができる．

4.3.5 デルタ・ヘッジの例

次に，デルタ・ヘッジの効果を事例によって考察してみよう．

金融機関はオプションの売りポジションをとっている場合が多いので，日経平均オプションのプットを売ったケースで考える．オプションの原資産は日経平均であるが，日経平均そのものは指数なのでこれを売買することはできない．また日経平均と同じ構成銘柄のポートフォリオを組んだとしても，そのすべての株式を一定の比率で同時に売買することは事実上不可能である．したがって実際のヘッジには，近似的な商品として日経平均先物が使われている．先物だと流動性が高く，売りポジションも可能であり，取引コストの面でも現物取引より有利だからである．

ある期間における日経平均，日経平均先物と日経平均オプションの各取引日での終値を表 4.5 に示す．プット・オプションは限月が 2005 年 1 月で権利行使価格は 10500 円．ヘッジ・ツールとしての先物は 12 月満期[*35)]のものを考える．

表 4.5 日経平均とオプション (大証)

2004 年	日経平均	先物	Put1100
12/2	10973.07	10990	240
12/3	11074.89	11060	200
12/6	10981.96	10950	240
12/7	10873.63	10880	305
12/8	10941.37	10900	265
12/9	10776.63	10770	360

プット・オプション：限月 2005 年 1 月，権利行使価格 10500 円
日経平均先物：12 月満期

12 月 2 日の終値の時点で，このオプションのインプライド・ボラティリティは 15%，Δ はマイナス約 0.5 である．ストライクがアト・ザ・マネー近辺なので，$\Delta = -0.5$ は直感的にも納得できる数値であろう．図 4.19 は各取引日における日経平均とプットの価格をそれぞれ横軸，縦軸にプロットしたものである．この図から，株価の動きに対してプットの価格がほぼ一定の比率 (Δ) で変動し

[*35)] 日経平均先物の限月は 3, 6, 9, 12 月しか上場していないため，この例ではオプション満期が 1 月なので 3 月ものの先物をヘッジ・ツールに使う方法もあるが，原資産価格との乖離が小さいという意味で 12 月ものの先物を使っている．

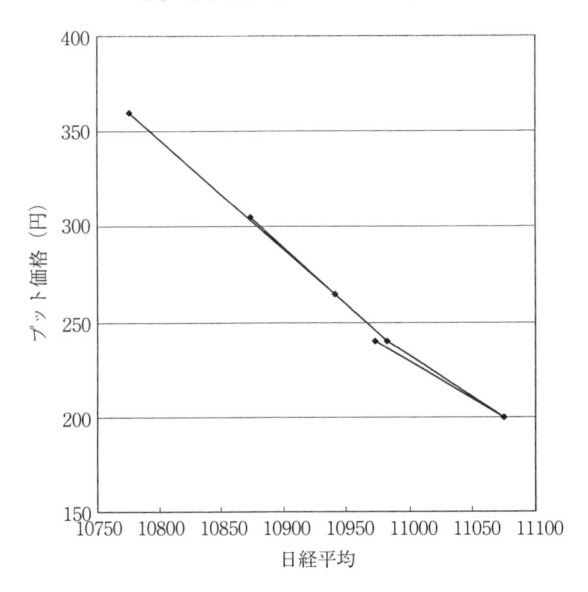

図 4.19 日経平均とプットの価格の関係 (ストライク 11000 円) (2004 年 12 月 2〜9 日)

ている様子がわかる．

そこで 12 月 2 日に，プットを 240 円で 10 単位売ったとしよう．もしヘッジをしていなければ 12 月 9 日には 360 円に上昇しているので，

$$(240 - 360) \times 1000 \times 10 = -1200000$$

の計算から，120 万円の損失が生じることになる．わずか 5 取引日でオプション価格が 50% 変動していることから，オプション価格の変動が非常に大きいことがわかる．

次にデルタ・ヘッジの効果をみてみよう．プット売りのデルタ・ヘッジとして，先物を 10990 円で 5 単位 ($= -0.5 \times 10$) 売れば，デルタ・ニュートラルなヘッジ・ポートフォリオができる．その後ダイナミック・ヘッジをせずに，このヘッジ比率でポートフォリオをもちつづけたとしよう[36]．このときのポートフォリオの価値は次式で表される．

---

[36] 簡単のため，先物取引に必要な資金の調達・運用コストは無視する．

$$(各取引日の先物の価格 - 12/2 の先物の価格) \times 1000 \times 5$$
$$-各取引日のプットの価格 \times 1000 \times 10$$

このポートフォリオの価値のその後の変動を図 4.20 に示す．このケースではヘッジ・ポートフォリオの収益のブレが意外と大きいことがわかる．その原因はダイナミック・ヘッジをしなかったこと以上に現物と先物の価格の差異の影響が大きかったことによるものと考えられる．

そのことをみるために株価指数そのものを売買できるものと想定し，日経平均で仮想的にデルタ・ヘッジし，その効果を先物でヘッジした場合と比較してみよう．理論上は日経平均を先物の 5 単位に相当する量を売ればデルタ・ニュートラルになる．このポートフォリオのその後の価値は

$$(各取引日の日経平均 - 12/2 の日経平均) \times 5000$$
$$-各取引日のプットの価格 \times 1000 \times 10$$

である．その後の変動を図 4.20 にあわせて示した．図から日経平均でヘッジしたほうがうまくヘッジできていることがわかる．このことはオプションの原資

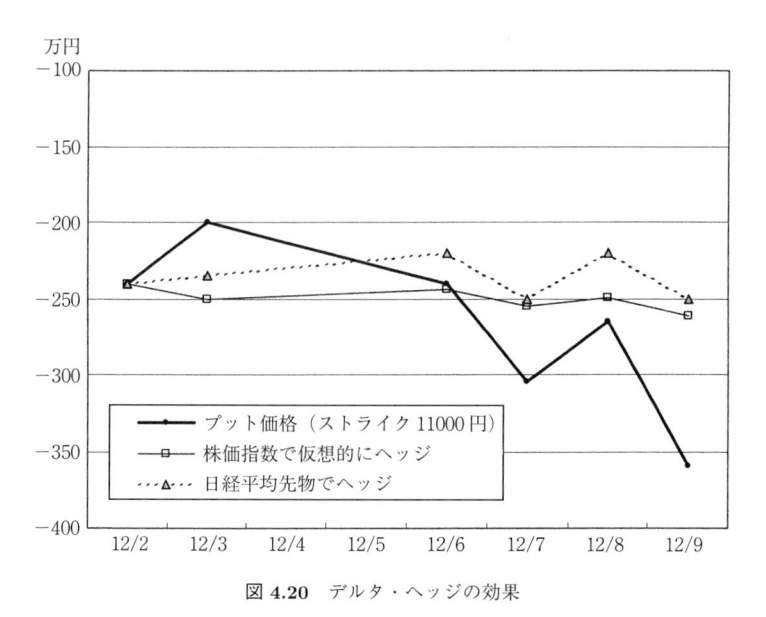

図 4.20 デルタ・ヘッジの効果

産が日経平均であることからも自然な結果である．この事例だけで判断することはできないにしても，代用的な資産でヘッジする以上，ある程度のヘッジ誤差が避けられないことは確かである．

🖉 Notice! この例からわかるように，実際のヘッジ誤差は次のように表すことができる．

$$\text{ヘッジ誤差} = \text{モデル誤差} + \text{ヘッジ・ツール誤差}$$

ここでモデル誤差とはブラック–ショールズ・モデルと実際の株価の挙動の差異や，離散的なヘッジなどに起因する誤差である．ヘッジ・ツール誤差とは原資産とヘッジ・ツールとの価格の差異によるヘッジ誤差である．

この結果として，オプション・モデルを高度化する際にはモデル誤差の改善に関心が集まりやすいが，モデル誤差とヘッジ・ツール誤差の影響を総合的に把握した上で問題解決を図らなければならないということが重要である． ∎

演習 4.8 日経平均オプションについて，実際の市場価格 (前日の終値で可) で 100 単位売り，このときのインプライド・ボラティリティとデルタを求め，先物でデルタ・ヘッジしたポートフォリオを構成せよ．そして翌日と 1 週間後にポートフォリオの価値を求め，デルタ・ヘッジの効果を確認せよ．

4.3.6 ま と め

ブラック–ショールズ・モデルの特長をまとめると以下のようになる．

- リスク管理の方法からオプション価格を導いている．
- 最終的な結果として，ブラック–ショールズ公式の意味がわかりやすい．
- 価格付けに必要なパラメータが株価，ボラティリティ，金利など市場で観測できるものからなっている．
- オプションに内在するリスクをいくつかの成分に分解して管理できる．
- リスク指標に加法性があるのでオプション・ポートフォリオのリスク管理にも有効である．

課題としては

- 原資産価格のジャンプや取引コストなどが考慮されていない．
- 原資産価格の将来時点での分布が対数正規分布とは限らない (一つのモデルでボラティリティ・スマイルにフィットできない)．

などがあげられる．これらの課題を解決しようとすると，おそらくパラメータが一つ以上増え，そのパラメータの変化に対するリスク管理も必要となる．つまりリスク指標が増えリスク管理が複雑化する．この負担増に見合う精度の向上やヘッジ・ツール誤差とのバランスなどを含め，総合的な観点からモデルの高度化を考えなければならないことを注意しておきたい．

5

金利スワップ

5.1 金利スワップ

5.1.1 金利スワップの概要

金利スワップとはあらかじめ定められた期間の固定金利と変動金利の交換の契約である．固定金利とは長期の借り入れで将来の金利が，約定により現時点で数値として決定しているものをいう．変動金利は現時点で将来の金利が未定なものを指し，利払い間隔の期間に相当する短期金利が参照される場合が多い．実際には半年利払いの場合6ヶ月LIBOR，TIBORなどが使われている．支払い金利の元になる元本を想定元本と呼び，通常元本移動は行わない．これはスワップの契約期間が数年から数十年と長く，その期間中に契約先が破綻し元本回収が困難になるという事態を避ける，つまり信用リスクを最小化させるためである．

2003年12月の吉国委統計[28]によると，国内の店頭取引のデリバティブの取引残高は想定元本ベースで14.6兆米ドルに達している．そのうち金利スワップは78%以上を占め，想定元本で約11.5兆米ドルの残高になっている．この数字のすべてが実需ではないとしても，法人の資金調達や金利変動リスクのヘッジに，金利スワップが重要な役割を果たしていることを示している．国内の金利スワップの主要ディーラーは大手都銀なので，このような金融機関が保有している金利スワップの取引残高は想定元本ベースで数百兆円規模に達していることも推定できる．

図5.1に金利スワップのキャッシュ・フローの概念を示す．固定金利受けの場合はスワップ期間中，固定金利を受け取り，変動金利を支払う．固定金利払いの場合はその逆である．

86   5. 金利スワップ

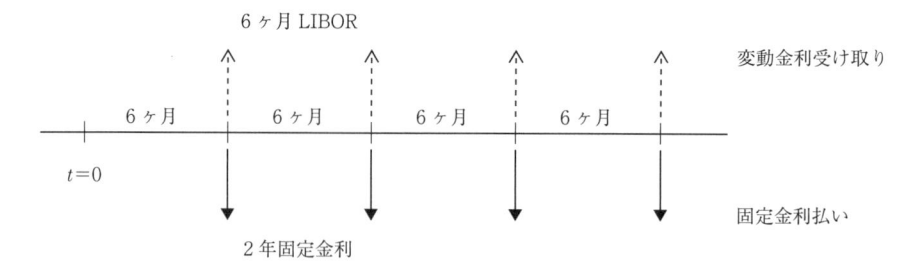

```
          6ヶ月 LIBOR
              ↑        ↑        ↑        ↑      変動金利受け取り
     ┊  6ヶ月 ┊  6ヶ月 ┊  6ヶ月 ┊  6ヶ月 ┊
   ──┼───────┼───────┼───────┼───────┼──
     t=0     ↓        ↓        ↓        ↓      固定金利払い
           2年固定金利
```

図 5.1　金利スワップ (2 年) のキャッシュ・フロー

スワップの価値を評価するには，その契約期間にわたる固定金利と変動金利の受け取りのそれぞれの全キャッシュ・フローの現在価値を等価にバランスさせることが基本になる．

固定金利受けの全キャッシュ・フローの現在価値
= 変動金利受けの全キャッシュ・フローの現在価値

半年利払いで 6 ヶ月 LIBOR を変動金利とする場合は，

全体の和 (割引率 × 固定金利) = 全体の和 (割引率 × 将来の 6 ヶ月 LIBOR)

と表される．将来の変動金利は現時点では未定なので，上の計算には先渡金利 (フォワード・レート) を用いるが，その詳細については後で説明したい．

スワップ取引は相対取引であり，市場参加者はブローカーと呼ばれる仲介業者を通じて取引する．市場にはスワップの固定金利がブローカーによって公示されていて，これをスワップ金利という．相対取引であることから，固定金利の受け取り側 (オファー) と支払い側 (ビッド) の希望金利には開き (オファー・ビッド・スプレッド) が存在している．当然オファー金利のほうがビッドより高く，国内の金利スワップ市場でのオファー・ビッド・スプレッドは通常 3～4bp 程度である．表 5.1 は市場で取引されているスワップ金利の例である．

例 5.1　時刻 $t=0$ で固定受けの 3 年スワップを取引した場合のキャッシュ・フローを考えてみよう．ここで想定元本は 10 億円，利払いは 6 ヶ月間隔で，変動金利は 6 ヶ月 LIBOR，スワップ金利は 2%とする．

表 5.1 スワップ金利の例 (365 日ベース,単位 %)

	オファー	ビッド		オファー	ビッド
1 年	0.10	0.06	1 年	0.10	0.06
2	0.13	0.09	2	0.11	0.07
3	0.18	0.14	3	0.13	0.09
4	0.24	0.20	4	0.17	0.13
5	0.33	0.29	5	0.21	0.17
7	0.58	0.54	7	0.31	0.27
10	1.05	1.01	10	0.50	0.46
2002 年 10 月 11 日終値.			2003 年 6 月 9 日終値.		

この場合 $t=0$ における LIBOR 1.2% に対する利払いは半年後 $t=0.5$ に起きる.このとき半年分の利息として

$$100000 \times 0.012 \times 0.5 = 600 \quad (万円)$$

を支払い,固定金利 2% の半年分として

$$100000 \times 0.020 \times 0.5 = 1000 \quad (万円)$$

を受け取ると,結果として差額 400 万の受け取りとなる.その後を表 5.2 のように LIBOR が変化した場合のキャッシュ・フローを示す.このスワップ取引は最終的に 3 年後 6 回目のキャッシュ・フローで終了する.

表 5.2 金利スワップのキャッシュ・フロー (万円)

t (年)	LIBOR (%)	支払い	受け取り	差額キャッシュ・フロー
0	1.2	-	-	-
0.5	1.7	600	1000	$+400$
1.0	2.1	850	1000	$+150$
1.5	1.9	1050	1000	-50
2.0	2.2	950	1000	$+50$
2.5	2.6	1100	1000	-100
3.0	2.5	1300	1000	-300

■

次に金利スワップ取引の事例を考えてみよう.

例 5.2 ある企業が固定利払いの社債を発行したとする.その後金利が低下すると,支払い金利の割高感からこれを減らす方法を考えたいはずである.この場

```
社債購入者  ⇄(社債額面/固定クーポン)  発行企業  ⇄(変動金利/固定金利)  金利スワップ固定受け
```

図 5.2　社債利払いを変動化

合，固定受けのスワップを金融機関と取引すると，図5.2のようなキャッシュ・フローとなり，支払い利息と受け取りの固定金利が相殺しあう．その結果，変動金利のみを支払う形にでき，固定払いを変動化した効果を得る．その後，短期金利が低い状態が続けば，支払い利息を減らせたことになる．反面，短期金利が上昇し始めると，支払い利息が増加するというリスクをとっていることにもなる．■

例 5.3　次に，貸しビルを建設し，その賃料を収入源としているケースを考えてみよう．賃料はおおむね一定なので，金利が上昇すると建設投資額に対する利回りが相対的に不利となる．これをスワップで変動化すると図5.3のように固定収入の賃料と固定払いが相殺し，変動金利を受け取る形になる．したがって，短期金利が十分上がっていれば収入増となる．もちろん，短期金利が下がればさらに収入が減るというリスクを負っていることはいうまでもない．

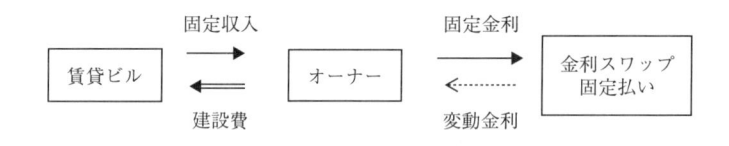

```
賃貸ビル  ⇄(固定収入/建設費)  オーナー  ⇄(固定金利/変動金利)  金利スワップ固定払い
```

図 5.3　建設費に対する投資利回りを変動化

■

このように金利スワップを使うと，将来の金利変動リスクに対してキャッシュ・フローを自分の好ましい形に変えることが可能になる．

変動金利は，現時点での短期的な資金需要などによって利率が変動するのに対し，固定金利は将来の金利の強弱観や長期的な資金需給によって変動する．また，金融機関が国債を保有する場合，その資金を LIBOR で調達していると考えると，元本の移動を除けば国債の保有は固定受けの金利スワップと同じキャッ

シュ・フローになっている.したがってその元本が国の信用によって確実に償還されるとの期待から,国債の利回りと金利スワップの金利は非常に近い関係にある (図 5.4).

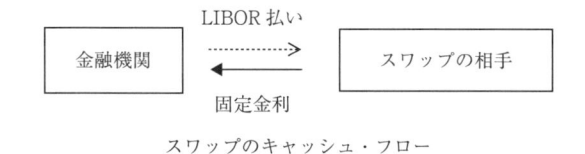

```
        LIBOR 払い
   ┌──────┐ ·······> ┌──────────┐
   │金融機関│          │スワップの相手│
   └──────┘ <────── └──────────┘
        固定金利
```

スワップのキャッシュ・フロー

```
    資金          国債元本
  ═══> ┌──────┐ ═══════> ┌──┐
       │金融機関│           │国│
  <··· └──────┘ <─────── └──┘
  資金調達コスト    固定利子
  LIBOR 払い
```

国債投資のキャッシュ・フロー

図 5.4　スワップ (固定受け) と国債保有のキャッシュ・フロー

より詳細に,国債利回りとスワップ金利の関係をみると,通常はスワップ金利のほうが高い.この利回りの差 (国債–スワップ・スプレッド) は民間金融機関と国の信用力との違いが反映されたものと解釈されている.

例 5.4　稀に国債–スワップ・スプレッドが逆転する場合がある.最近では 2001 年後半から 2003 年はじめにかけて,7 年から 10 年の利回りで逆スプレッドとなった.これは 2002 年 9 月の時価会計導入前に,金融機関が国債購入の代替手段としてスワップの固定金利受けを増やしたことが背景になっている.その理由は,国債が時価会計の対象になるのに対し,スワップは時価評価しなくてもよい措置 (マクロヘッジ会計) が暫定的に認められたためと考えられている.■

また,表 5.1 からわかるように,スワップ金利はスワップの期間によって異なっている.これはスワップ金利の期間構造と呼ばれている.

例 5.5　図 5.5 に,スワップ金利のイールド・カーブについて過去の例を示す.LIBOR のイールド・カーブと同様,通常は順イールド状態だが,1990 年に逆

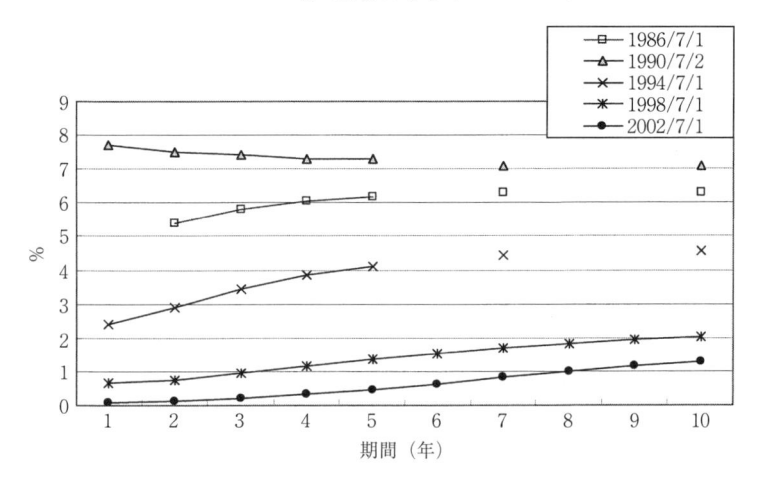

図 5.5 円スワップ金利のイールド・カーブ

イールド現象が現れていることにも注意したい．これはバブル期の高金利時代からバブル後の長い景気低迷期に移行する過程で，長期金利が先に低下していった状況を表している．

また，このグラフは公示されるスワップ金利の期間の数が年々増えていることも示している．このことからスワップ取引が年々増加し，この市場が順調に発展している様子がうかがえるはずである． ∎

5.1.2　フォワード・レートとスワップ金利

スワップの現在価値を求める準備として，フォワード・レートについて説明しておきたい．まず，次の問題を考えてみよう．現時点で，貯金の金利が1年もので2%，2年ものが3%とする．ここで，1年後1年間の貯金を約束し，その金利を予約したいとき，この先渡金利はいくらかという問題である．無裁定であるためには，1年定期で2回預けたときと，2年定期を1回預けたときの，2年後の総受け取り額が等しくなければならない．また，そうなるように1年後1年のフォワード・レートが定まるはずである．これは1年後の1年金利を予測しているのではなく，現時点の情報から二つの運用方法の価値が等しくなるように先渡金利が決まることを意味している．

5.1 金利スワップ

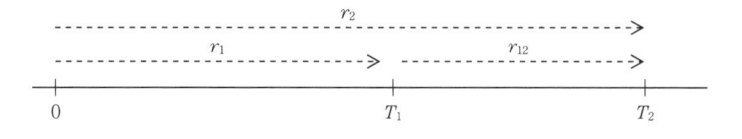

図 5.6 フォワード・レート

上の議論を一般的に記述すると以下のようになる (図 5.6). 現時点 ($t=0$) における時刻 T_1 までの期間の単利金利を r_1 とし，時刻 $T_2\,(T_2 > T_1 > 0)$ までの単利金利を r_2 とする．このとき現時点 ($t=0$) で取引される時刻 T_1 から T_2 までの期間に対応するフォワード・レート r_{12} は金利の無裁定条件から

$$1 + r_2 T_2 = (1 + r_1 T_1)\{1 + r_{12}(T_2 - T_1)\} \tag{5.1}$$

で与えられる．これは期間 $[0, T_2]$ を 2 分割して資金運用した場合と，一期間で運用した場合のキャッシュ・フローの現在価値が等しいことを意味している．したがって (5.1) を r_{12} について解くと，フォワード・レートは次式で与えられる．

$$r_{12} = \frac{r_2 T_2 - r_1 T_1}{(1 + r_1 T_1)(T_2 - T_1)} \tag{5.2}$$

次に半年利払いで，期間 $0.5m$ 年のスワップを考え，そのスワップ金利を Sw_m と記す．$T_0 = 0$ として，利払い日は $T_1, T_2, \cdots, T_{2m}$ で表すと，利払い間隔 δ_k は

$$\delta_k = T_{k+1} - T_k$$

で定まる．f_k を期間 $[T_k, T_{k+1}]$ ($k = 0, 1, 2, \cdots, m-1$) に対応するフォワード・レートとする．このとき現時点から T_k までの期間 $[0, T_k]$ の割引率 D_k は

$$D_k = \prod_{j=0}^{k-1} \frac{1}{1 + \delta_j f_j}$$

で表される．固定と変動金利のそれぞれの現在価値が等しいことから

$$\sum_{k=0}^{m-1} \delta_k D_{k+1} Sw_m = \sum_{k=0}^{m-1} \delta_k D_{k+1} f_k$$

が成立する．短期金利 f_k は時刻 T_k に決定する．この利率で δ_k 期間運用する

と時刻 T_{k+1} における変動側の受け取りは $\delta_k f_k$ である．したがってこのキャッシュ・フローに対応する割引率は D_{k+1} であることに注意しておきたい．

次に
$$\delta_k D_{k+1} f_k = D_k - D_{k+1} \tag{5.3}$$

の関係に注意して，これを $k=0$ から $m-1$ まで足し合わせると右辺は順次打ち消しあうので，
$$\sum_{k=0}^{m-1} \delta_k D_{k+1} f_k = 1 - D_m$$

となる．したがって
$$Sw_m \sum_{k=0}^{m-1} \delta_k D_{k+1} = 1 - D_m \tag{5.4}$$

が成立する．(5.4) の左辺は固定金利側の現在価値であり，右辺は変動金利側の現在価値である．この結果，スワップ金利 Sw_m は
$$Sw_m = \frac{1 - D_m}{\sum_{k=0}^{m-1} \delta_k D_{k+1}}$$

として表される．

逆に各年限のスワップ金利 Sw_j $(j=1,\cdots,m)$ がわかれば，すべての j について (5.4) が成立するので割引率に関する連立方程式[*37]
$$Sw_j \sum_{k=0}^{j-2} \delta_k D_{k+1} + (1 + \delta_{j-1} Sw_j) D_j = 1, \quad j=1,\cdots,m \tag{5.5}$$

を構成できる．行列を使うと (5.5) は
$$\begin{pmatrix} 1+\delta_0 Sw_1 & 0 & \cdots & 0 \\ \delta_0 Sw_2 & 1+\delta_1 Sw_2 & \cdots & 0 \\ \cdots & \cdots & \cdots & \cdots \\ \delta_0 Sw_m & \delta_1 Sw_m & \cdots & 1+\delta_{m-1} Sw_m \end{pmatrix} \begin{pmatrix} D_1 \\ D_2 \\ \cdots \\ D_m \end{pmatrix} = \begin{pmatrix} 1 \\ 1 \\ \cdots \\ 1 \end{pmatrix} \tag{5.6}$$

と表せる．

実際には表 5.1 のように，市場から得られるスワップ金利にはデータに限り

[*37] $j=1$ のとき，左辺第 1 項は省略される．

がある．したがって補間などの手段によってすべての Sw_j を算出しておくことが必要である．

(5.6) 式を数値的に解く場合，左辺の行列が下三角行列なので，ガウス消去法などで行われる前進消去プロセスは不要である．したがって後退代入によって D_1 から順に $D_2, D_3, \cdots$ と解くことができる[*38]．

次にフォワード・レートは，$D_j\ (j = 1, \cdots, m)$ と (5.3) から導かれる．このように，市場金利から導かれたフォワード・レートはインプライド・フォワード・レートと呼ばれる．このインプライド・フォワード・レートは各期間ごとの金利に分解されたものなので，スワップ金利を構成する基本成分と考えることができる．この意味においても金利の期間構造の分析には，スワップ金利よりフォワード・レートのほうが都合がよい．とくにスワップ金利から導かれたフォワード・レートは LIBOR (もしくは TIBOR) が変動金利なので，フォワード LIBOR (TIBOR) と呼ばれ，金利系オプションの原資産として参照される重要な指標とされている．

例 5.6 6ヶ月 LIBOR が 0.72%，1 年スワップ金利が 0.8%の場合のとき，半年先のフォワード・レートを求めてみよう．簡単のため利払い間隔は一律 0.5 年とする．まず，半年金利 Sw_1 に 6ヶ月 LIBOR を適用するために，360 日ベースの LIBOR を 365 日ベースに換算する．その結果

$$Sw_1 = 0.0072 \times 365/360 = 0.0073, \qquad Sw_2 = 0.008$$

である．これを用いて (5.6) 式を解くと，割引率は

$$D_1 = 0.9963633, \qquad D_2 = 0.9920464$$

である．(5.3) より半年後半年間のフォワード・レートは 365 日ベースで

$$f_1 = 0.008703$$

となることがわかる．またフォワード LIBOR は 360 日ベースで

$$0.008703 \times 360/365 = 0.008584$$

[*38] 文献によっては直接 D_1 から順に $D_2 \cdots$ と求める方法を紹介しているのも同じ理由による ([21], [23] など)．

である.

上の例では,半年後の 6 ヶ月 LIBOR が 0.8584%だと市場参加者が予測していると解釈することもできる.これより高いと予想されるとこのフォワード・レートが上昇し,その結果 1 年スワップ金利が高くなる.低いと予想されればその逆である.したがってフォワード・レートは市場参加者が予測する金利の未来像を表しているともいえよう.もちろん 6 ヶ月後にこの金利が実現するということではなく,$t=0$ の時点で裁定が生じないという意味の先渡金利である.

例 5.7 図 5.7 はスワップ金利から導いたインプライド・フォワード・レート (6 ヶ月) の例である.この曲線はフォワード・レート・カーブと呼ばれ,金利の期間構造が視覚的に把握しやすいこともあり,市場参加者によって常に観察されている.

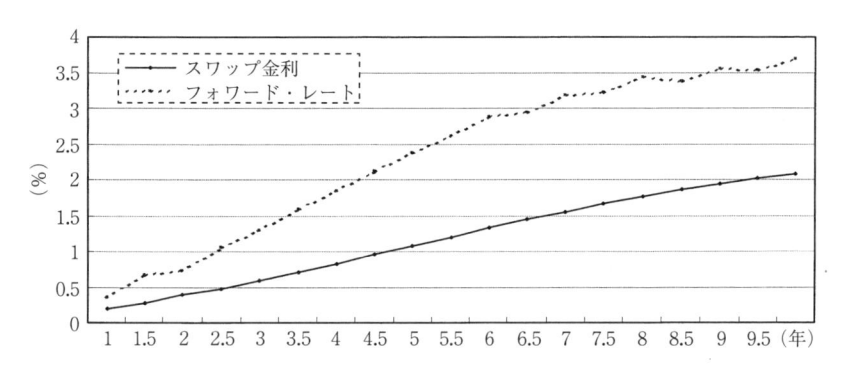

図 5.7 スワップ金利とインプライド・フォワード・レート (1997 年 10 月 29 日)

そしてこのグラフからは,1997 年 10 月時点で市場参加者は 7 年後の 6 ヶ月金利を約 3.2%と予測していたとみることができる.しかし 7 年後の 2004 年 10 月 29 日における 6 ヶ月金利は TIBOR で 0.11%であった.フォワード・レートは市場参加者の予想の平均という性格をもつものの,予想が当たるわけではないことがこの例からもわかる.

注 5.1 スワップ金利を線形補間で補間すると,フォワード・レートの歪みが大きくなる場合がある.そのような現象を避けるためにスプライン補間が使わ

れるケースもある[*39].

5.1.3 スワップの現在価値とリスク評価

金利スワップの保有に伴うリスクは金利変動リスクが最も大きい.これは市場リスクであるが,他に信用リスクも内在している.その理由はスワップの契約期間が上場オプションの取引などに比べて長いため,取引先の債務不履行が起こり得るからである.通常のスワップ取引で,元本の移動を行わないのはこの信用リスクを軽減するためである.また評価モデルの誤差に起因するリスクはオペレーショナル・リスクに分類されるであろう.ほかにもさまざまなリスク[*40]が内在しているが,ここでは金利変動リスクの評価法について述べる.

スワップ取引の現在価値は固定と変動のそれぞれのキャッシュ・フローの現在価値の差額で表される.したがって市場金利で取引されたスワップの現在価値は $t=0$ でゼロに等しい.その後金利情勢の変化などに伴い,現在価値は変化する.

$t=0$ 時点における期間 m 年のスワップ金利を Sw_m とする.その後の時間経過によりスワップ取引の満期までのキャッシュ・フローが n 回残っているものとしよう.最初の利払い日 T_1 までの期間 δ_0 が半年間より短いことを除けば,$T_k, \delta_k \ (k=1,\cdots,n)$ は前項と同様に定義できる.同じ記号を使うと固定金利受け取り側の現在価値 PV は (5.4) 式から,

$$\mathrm{PV} = Sw_m \sum_{k=0}^{n-1} \delta_k D_{k+1} - 1 + D_n \tag{5.7}$$

と表される.

ベーシス・ポイント・バリュー

金利が 1bp 変化したときのスワップの現在価値の変化額をベーシス・ポイント・バリュー (bpV) という.スワップの金利リスクはこのベーシス・ポイント・バリューによって評価される.変化させる金利はフォワード・レートや,スワップ金利などリスク管理の考え方によってさまざまな方法がある.またイールド・カーブ全体がフラットに変化する場合に対する現在価値の変化を評価する

[*39] 詳しくは [17], [48] などを参照のこと.
[*40] 例えば [21] などを参照のこと.

考え方と，年限別のスワップ金利の変化に対するベーシス・ポイント・バリューを評価する考え方など，管理方法によって評価方法は異なる．

例 5.8 例 5.6 の 1 年スワップ (固定受け) のベーシス・ポイント・バリューを求めてみよう．現時点で現在価値はゼロである．ここでは 1 年金利のみが 1bp 上昇した場合を考える．このとき最初の半年間の割引率は $D_1 = 0.9963633$ のまま変化しない．次に $Sw_2 = 0.0081$ として前項の計算を繰り返すと

$$D_2 = 0.9919473$$

である．保有しているスワップ契約の固定金利は 0.8% なので (5.7) の Sw_2 は 0.008 のままである．したがって

$$\text{PV} = 0.0080 \times 0.5 \times (0.9963633 + 0.9919473) - 1 + 0.9919473$$
$$= -0.0000994$$

を得る．したがって

$$\text{bpV} = -0.0000994$$

である．これは，想定元本が 10 億円の 1 年スワップの場合で，1 年金利が 1bp 上昇すると現在価値が約 10 万円低下することを表している．■

金融機関のように大規模なスワップのポートフォリオを取引している場合は，満期までの年数別にまとめてベーシス・ポイント・バリューを管理するなどの方法をとっている．またベーシス・ポイント・バリューのヘッジには，年数に応じて短期金利先物や債券先物などが使われている．

演習 5.1 例 5.8 で 6 ヶ月 LIBOR と 1 年スワップ金利が同時に 10bp 上昇するケースでの価値の変化 (10bpV) を求めよ．

5.2 フォワード・スワップ

スワップが契約した時点から始まるのに対し，将来のある期日に始まるスワップの先渡契約をフォワード・スワップという．これは例えば 2 年後スタート 3

年間のスワップといった形で取引される．これは 2 年後に 3 年のローン借り入れ (または社債発行) の予定があり，将来の金利上昇が懸念される場合に現時点で 2 年後の 3 年金利を約束しておくといった目的に利用される．もちろん逆の金利観に基づくケースも考えられる．

このフォワード・スワップの固定金利はフォワード・スワップ金利と呼ばれ，最初の利払いの時期が半年以上先になることを除けば，スワップ金利と同じ方法で導かれる．5.1.2 項のように半年利払いとして $0.5n$ 年後 $0.5m$ 年間のフォワード・スワップ金利を Sw_{nm} と記す．図 5.8 に $n=2, m=4$ の場合の固定払いのキャッシュ・フローを示す．最初のキャッシュ・フローは 1 年半後に起きることに注意したい．

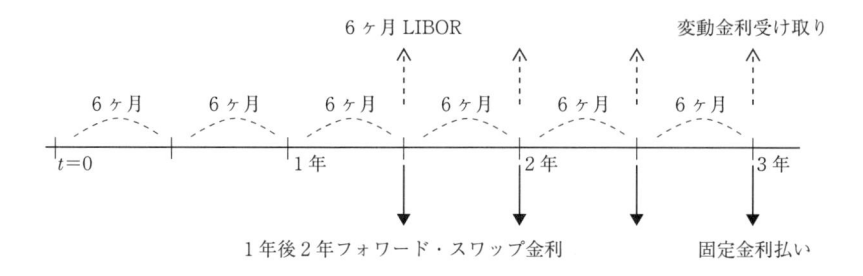

図 5.8 フォワード・スワップのキャッシュ・フロー

この期間の固定側と変動側のキャッシュ・フローの現在価値が等しいとすると，

$$Sw_{nm} \sum_{k=n}^{n+m-1} \delta_k D_{k+1} = \sum_{k=n}^{n+m-1} \delta_k D_{k+1} f_k$$

である．ここで各記号の意味は 5.1.2 項と同じである．(5.3) より

$$\sum_{k=n}^{n+m-1} \delta_k D_{k+1} f_k = D_n - D_{n+m}$$

を得る．したがって

$$Sw_{nm} = \frac{D_n - D_{n+m}}{\sum_{k=n}^{n+m-1} \delta_k D_{k+1}} \tag{5.8}$$

の関係式を得る．5.1.1 項の方法で市場のスワップ金利から割引率 $D_1, D_2, \cdots$ はすでにわかっている．これを使って (5.8) 式から，フォワード・スワップ金利

を算出できる．適当な方法で割引率を時間軸で補間すれば，任意時刻にスタートするフォワード・スワップ金利を，(5.8) 式から導くこともできる．

例 5.9 6 ヶ月 LIBOR が 365 日ベースで 0.07%，スワップ金利が，1 年 0.08%，2 年 0.11%，3 年 0.16% とする．このときの 1 年先スタート 2 年間のフォワード・スワップ金利 Sw_{24} を求めてみよう．

まずスワップ金利を補間して，1.5 年スワップ金利を 0.95%，2.5 年スワップ金利を 0.135% とする．(5.6) を解くと割引率とフォワード・レートは表 5.3 のようになる．

表 5.3 スワップ金利と割引率

期間 (年)	スワップ金利 (%)	割引率	フォワード・レート (%)
0	-	1	0.070
0.5 (LIBOR)	0.07	0.999650	0.090
1	0.08	0.999200	0.125
1.5	0.095	0.998576	0.155
2	0.11	0.997803	0.235
2.5	0.135	0.996630	0.285
3	0.16	0.995210	-

したがって (5.8) から

$$Sw_{24} = \frac{0.999200 - 0.995210}{0.5 \times (0.998576 + 0.997803 + 0.996630 + 0.995210)}$$
$$= 0.00200$$

となり，フォワード・スワップ金利が 0.200% であることが導かれる．■

5.3 金利スワップ先物

ユーロ建ての金利スワップ先物は 2001 年 3 月にロンドン金融先物取引所に上場し，2003 年 5 月には円金利スワップ先物が東京金融先物取引所にも上場した．その概要を表 5.4 に示す．

最終決済価格 (EDSP) を求める際の想定キャッシュ・フローは，標準物の基準日から 6 ヶ月ごとに受け取る固定金利と満期日の 100 円である．この想定キャッシュ・フローの基準日における現在価値が EDSP である．この割引率の

5.3 金利スワップ先物

表 5.4 円金利スワップ先物[*41]

取引対象	5年, 10年円金利スワップ標準物 固定金利 3%, 変動金利 6ヶ月 LIBOR
価格表示	100円あたりの価格
委託証拠金	必要
決済	反対売買もしくは, 最終決済価格 (EDSP) に基づく差金決済
基準日	各限月の第3水曜日
限月	3, 6, 9, 12月から2限月まで
取引最終日	各限月の第3水曜日の2営業日前
売買単位 (元本)	1000万円

算出には, 取引最終日の国際スワップ・デリバティブズ協会 (ISDA, [55]) が公表する円金利スワップ指標レートが使われている. 表 5.5 は金利スワップ先物と他の金利系デリバティブと比較したものである. ここでカウンター・パーティ・リスクとは取引相手が債務不履行になるリスクをいう.

表 5.5 金利リスクのヘッジに関する主要デリバティブの比較 (オプションは除く)

項目	金利スワップ先物	スワップ金利	債券先物	短期金利先物
取引方法	上場	相対	上場	上場
期間	5年, 10年	1〜10年	5年, 10年	5年以下
カウンター・パーティ・リスク	なし	あり	なし	なし
原資産の属性	なし	なし	最割安銘柄に需給の偏り	なし
流動性	高い	上場先物に比べて劣る	高い	高い

例 5.10 実際にスワップ先物の EDSP を求めるには実日数を考慮しなければならない. その詳細な計算方法は [53] から入手できる. ここでは簡単のため, 利払いは基準日より 0.5 年ごとに起きるものとして EDSP を近似的に求めてみよう. 基準日でのフォワード・レートは 5 年先まで 1% 一定と仮定する. これから割引率を求め, 各キャッシュ・フローの現在価値を算出したものを表 5.6 に示す. これによって 5 年スワップ先物の EDSP は 109.73 円であることが導かれる.

[*41] 詳細は [53] を参照のこと.

表 5.6 EDSP の計算例

時間(年)	フォワード・レート(%)	割引率	キャッシュ・フロー	キャッシュ・フローの現在価値
0.0	1.0	1.0	0	0
0.5	1.0	0.995025	1.5	1.4925
1	1.0	0.990075	1.5	1.4851
1.5	1.0	0.985149	1.5	1.4777
2	1.0	0.980248	1.5	1.4704
2.5	1.0	0.975371	1.5	1.4631
3	1.0	0.970518	1.5	1.4558
3.5	1.0	0.96569	1.5	1.4485
4	1.0	0.960885	1.5	1.4413
4.5	1.0	0.956105	1.5	1.4342
5	-	0.951348	101.5	96.5618
			現在価値計	109.730

■

演習 5.2 上と同様の方法で金利が 0.1% 一定のときに 5 年スワップ先物の EDSP を求め，EDSP がどのように変化するかを確かめよ．

6
金利オプション

　金利を原資産とするオプションを金利オプションと呼ぶ．吉国委統計 [28] によると国内市場での相対取引の金利オプションは想定元本ベースで残高は約 6000 億米ドルに達している．そのほとんどがキャップ・フロア，スワプションであり，上場ものではなく相対取引の形で広く利用されている．これらのオプションの商品説明と価格付けの方法は後で述べることにし，まずブラック–ショールズ・モデルの拡張について説明する．

6.1　先物オプションの価格

　キャップ・フロアの価格式の導き方は 4.3 節で述べたブラック–ショールズ・モデルと少し異なる．その価格を求める準備として，まず配当のある株式のオプション価格を求める．次に先物のオプション価格について述べ，その応用としてキャップ・フロアの価格式を導く．

6.1.1　配当のある株式のオプション価格

　配当のある株式についてのオプション価格を導くために，まずブラック–ショールズ・モデルの拡張を行う．簡単のため，配当は連続配当とする．ここで連続配当とは，一定の利回りで保有期間に応じた配当

$$利回り \times 保有期間$$

が支払われるものを指し，経過利息に相当している．

　ある株式の連続配当利回りを年率で q としよう．この株式の時刻 $t=0$ での株価が S_0 で，時刻 T で S_T になったとする．このとき配当 $S_T(e^{qT}-1)$ が支

払われる．配当支払いがなければ株価は $S_T e^{qT}$ になっていると考えてよい．したがって時刻 $t=0$ での株価が $S_0 e^{-qT}$ なら，時刻 T での株価は S_T である．つまり

- 時刻 $t=0$ の株価が S_0 で，連続配当利回りが q の株式
- 時刻 $t=0$ での株価が $S_0 e^{-qT}$ で無配当の株式

の 2 種類の株式の価格は時刻 T で S_T に等しい．したがって，配当利回り q で満期が T の株式のヨーロピアン・オプションの価格は，時刻 $t=0$ で株価が $S_0 e^{-qT}$ の配当のない株式のオプション価格に等しい．

この結果，権利行使価格が K であるヨーロピアン・コール・オプションの価格 C は，(4.28) と (4.29) の S_0 に $S_0 e^{-qT}$ を代入して得られる．その結果以下の (6.1) と (6.2) を得る．

$$C = S_0 e^{-qT} N(d_1) - K e^{-rT} N(d_2) \tag{6.1}$$

ここで r はオプション満期日までの無リスクな期間金利で，d_1, d_2 は

$$\begin{aligned} d_1 &= \frac{\log(S_0/K) + (r - q + \sigma^2/2)T}{\sigma\sqrt{T}} \\ d_2 &= \frac{\log(S_0/K) + (r - q - \sigma^2/2)T}{\sigma\sqrt{T}} \end{aligned} \tag{6.2}$$

である．

同様にヨーロピアン・プットの価格 P も (4.31) から

$$P = -S_0 e^{-qT} N(-d_1) + K e^{-rT} N(-d_2) \tag{6.3}$$

である．

配当のない株式は $q=0$ なので，これを上の (6.1), (6.2), (6.3) に代入すると，それぞれ (4.28), (4.29), (4.31) に等しい．このことから上の結果はブラック–ショールズ・モデルの一般化になっているといえる．

注 6.1 上の説明は便宜的な方法をとっているので厳密なものではない．なぜならオプション満期日の株価に対する配当利回りが既知と仮定するところに無理があるからである．厳密な説明は [10] や [12] などを参照のこと．

6.1.2　先物オプションの価格

前項の結果を使って先物のオプション価格を導いてみよう．配当のない株式の先物の最終決済期日を T，時刻 $t=0$ から T までの無リスクな期間金利を r とし，$t=0$ での先物価格を F とする．このときブラック [35] によって，先物の契約には投資資金が不要なことから，配当利回り q が調達金利 r に等しいときの株式のように扱うことができることが示されている[*42]．したがってヨーロピアン・コールとプット・オプションの価格はそれぞれ (6.1), (6.2), (6.3) 式で $q=r$ とし，$t=0$ での株価 S_0 を先物価格 F に置き換えて導くことができる．

F_T は満期 T における先物の価格とし，$\log(F_T/F)$ は標準偏差 $\sigma\sqrt{T}$ の正規分布になっているとしよう．この結果，権利行使価格が K のヨーロピアン・コール・オプションの価格 C は

$$C = e^{-rT}\{FN(d_1) - KN(d_2)\} \tag{6.4}$$

で与えられる．ここで d_1, d_2 は

$$d_1 = \frac{\log(F/K) + \sigma^2 T/2}{\sigma\sqrt{T}}, \qquad d_2 = \frac{\log(F/K) - \sigma^2 T/2}{\sigma\sqrt{T}} \tag{6.5}$$

である．

同様にヨーロピアン・プットの価格 P も

$$P = e^{-rT}\{-FN(-d_1) + KN(-d_2)\} \tag{6.6}$$

となる．そして (6.4), (6.5), (6.6) 式はブラック・モデルと呼ばれている．

注 6.2　ブラック・モデルはブラック–ショールズ・モデルと基本的なフレームワークがほとんど同じなので，実務の現場では直物も先物もブラック–ショールズ・モデルと総称されていることが多い．これは原資産が直物か先物かによってブラック–ショールズ・モデルとブラック・モデルとが必然的に使い分けられているためであり，使用時に混同しているわけではない．

[*42)] 例えば [12] などを参照のこと．

6.2 金利キャップ・フロア

6.2.1 キャップ・フロアについて

金利キャップとは将来の一定期間にわたる変動金利に関するコール・オプションである．権利を行使する金利を上限金利といい，ある期日 (金利更改日) に変動金利が上限金利を上回ったら，その金利差額を受け取ることができる取引である．また変動金利に対するプット・オプションのことを金利フロアという．どちらも相対取引のオプションであり，取引契約時に以下の項目について取り決めを行う．

- 契約期間：通常 2〜5 年
- 金利更改日：通常半年間隔
- 基準金利：参照する金利．通常 LIBOR が参照される．
- 上限金利 (ストライク)：権利行使のできる金利．これを変動金利が超えた場合のみ金利差に相当する受け払いが発生する．フロアでは下限金利を下回った場合に金利差額の受け払いが発生する．
- プレミアム：キャップ・フロアのオプション価格
- 想定元本：金利差額を計算する際の名目上の元本

(1) キャップのキャッシュ・フロー

上限金利 3% の 3 年キャップを想定元本で 1 億円契約した場合のキャッシュ・フローの例を表 6.1 に示す．通常の取引ではキャップがスタートするのは半年後からである．そして，半年後 ($t=0.5$) に LIBOR が 3.8% なら，上限金利 (3%) との金利差 0.8% が確定する．さらに半年後 ($t=1$) に金利差を受け取る

表 6.1 キャップのキャッシュ・フロー (万円)

時刻 (年)	6ヶ月 LIBOR (%)	キャップのペイオフ
0	-	-
0.5	3.8	-
1.0	3.2	40
1.5	2.6	10
2.0	3.4	0
2.5	4.0	20
3.0	-	50

ので，そのペイオフは

$$10000 \times (0.038 - 0.03) \times 0.5 = 40 \quad (万円)$$

である[*43]．これを半年ごとに繰り返し，2.5年後の LIBOR に対するペイオフが3年後に行われて終了する．したがって3年キャップの場合，ペイオフは5回である．

一方，半年利払いの3年スワップのキャッシュ・フローは6回あることに注意しておきたい．キャップで半年後に利払いが起きるためには，$t = 0$ での LIBOR より低い上限金利でキャップ契約していることになる．キャップの目的は将来の金利上昇に備えることなので，このような取引は通常はないが，すでに保有しているキャップを売るようなケースで生じることがある．

例 6.1 上の例と同じ状況下で，変動金利で1億円の3年ローンを組んだ場合を考えてみよう．支払い利息は半年ごとのある期日の6ヶ月 LIBOR の利率でその半年後に金利支払いが行われる．同時に上限金利3%のキャップを想定元本で1億円契約しておくと，変動金利が3%以上になった場合に金利差分のペイオフを受け取る．これによって金利上昇に伴う支払い金利増加分が相殺される．その結果，変動金利のローンに3%の金利上限がついている効果が得られる．その後の金利と支払い金利の例を表 6.2 と図 6.1 に示す．

表 6.2　変動ローンとキャップ　(万円)

時刻 (年)	6ヶ月 LIBOR (%)	支払い利息	キャップのペイオフ	合計	実質金利 (年率 %)
0	2.5	-	-		2.5
0.5	3.8	125	-	125	3.0
1.0	3.2	190	40	150	3.0
1.5	2.6	160	10	150	2.6
2.0	3.4	130	0	130	3.0
2.5	4.0	170	20	150	3.0
3.0	-	200	50	150	-

一般消費者になじみの深い住宅ローンにも，金利上限付変動ローンと呼ばれる金融商品が普及している．これも変動ローンとキャップを組み合わせたもの

[*43] 実際には LIBOR が 360 日ベースの金利であることを考慮した計算になる．以下に続く例についても同様．

6ヶ月 LIBOR

上限金利　3%

キャップの
ペイオフ

$t=0$　　1年　　2年　　3年

変動金利払い

実質利払い

上限金利　3%

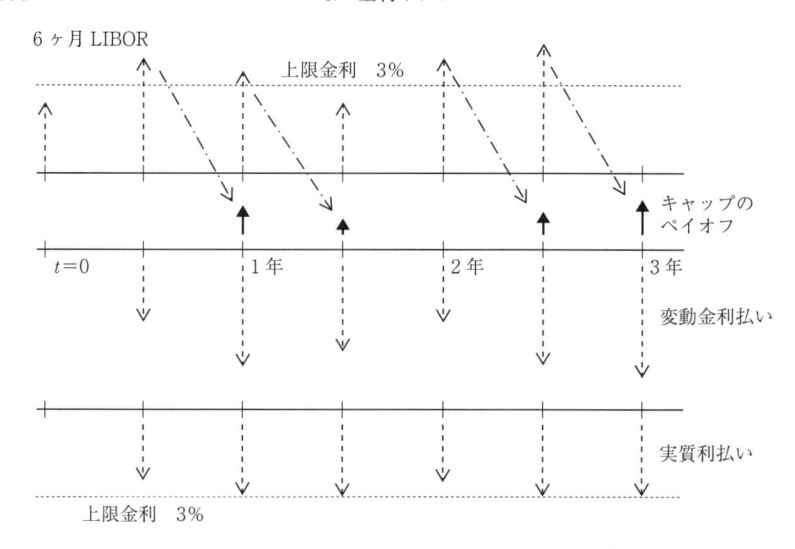

図 6.1　キャップと変動ローンの組み合わせ

である．この場合，オプション・プレミアムは分割払いで月々の返済額に含められている．したがって，見かけ上の金利は通常の変動ローンよりやや高めになる．

(2) フロアのキャッシュ・フロー

次にフロアのキャッシュ・フローについて述べる．想定元本1億円で，下限金利2.5%の3年フロアを取引した場合を考える．この場合，6ヶ月 LIBOR が2.5%以下のときに金利差分のキャッシュ・フローが発生する．表6.3は6ヶ月 LIBOR の変化と，それに付随するキャッシュ・フローの例である．

表 6.3　フロアのキャッシュ・フロー　（万円）

時刻 (年)	6ヶ月 LIBOR (%)	フロアのペイオフ
0	3.4	-
0.5	3.0	-
1.0	2.0	0
1.5	2.8	25
2.0	2.2	0
2.5	1.6	15
3.0	-	45

例 6.2 変動金利で資金運用をしている側にとって，短期金利の低下は収入減につながる．このような場合に金利フロアを取引しておくことで金利低下リスクを回避できる．運用資金が 1 億円の場合，想定元本 1 億円の金利フロアを下限金利 2.5%で契約したとしよう．運用金利が 6 ヶ月 LIBOR のとき，上の例と同じ状況でのキャッシュ・フローを表 6.4 と図 6.2 に示す．

表 6.4 変動金利による資金運用とフロア （万円）

時刻 (年)	6 ヶ月 LIBOR (%)	受け取り利息	フロアのペイオフ	合計	実質金利 (年率 %)
0	3.4	-	-	-	3.4
0.5	3.0	170	-	170	3.0
1.0	2.0	150	0	150	2.5
1.5	2.8	100	25	125	2.8
2.0	2.2	140	0	140	2.5
2.5	1.6	110	15	125	2.5
3.0	-	80	45	125	-

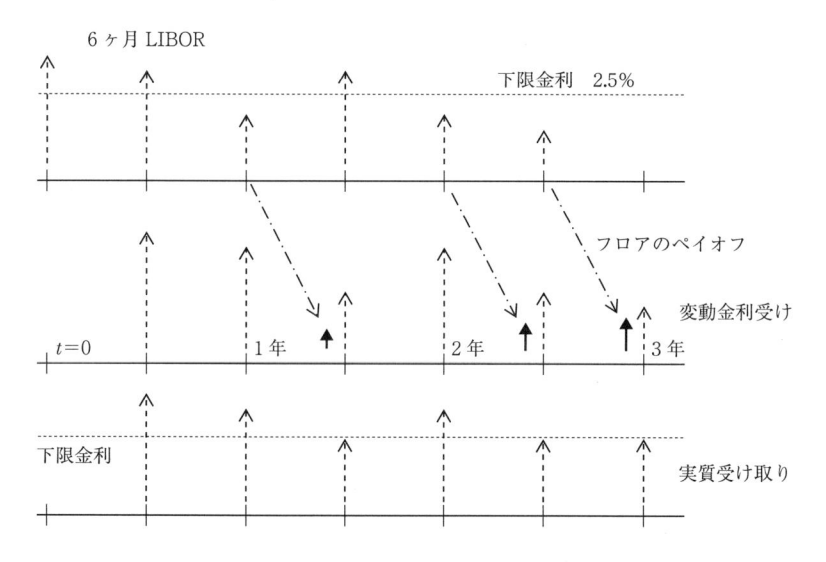

図 6.2 変動金利運用とフロアの組み合わせ

この表が示すように変動金利が 2.5%以下になった場合に金利差分のペイオフを受け取り，金利低下による収入減が補われる．その結果，2.5%の金利下限がついた資金運用を実現できたことになる． ■

6.2.2 キャップ・フロアの価格

今までの例が示すように,キャップ・フロアは満期の異なる複数のオプションの集合体である.キャップを構成する個々のオプションをキャップレット,フロアの場合はフロアレットと呼ぶ.したがってキャップ・フロアの価格計算やリスク評価は個々のキャップレット・フロアレットで評価したものを,足し合わせたものになる.

キャップレットの満期日を T とする.時刻 $t=0$ における T 年先,期間 δ 年のフォワード・レートを f で表す.ストライクの金利が K のとき,そのペイオフは

$$\max[(f_T - K)\delta L, 0]$$

となる.ここで L は想定元本で,f_T は満期 T における期間 δ の金利である.このペイオフは満期 T より δ 期間後の $t=T+\delta$ に生じる.したがってこのペイオフの現在価値は時刻 $T+\delta$ から割り引くことになる.そこで時刻 $t=0$ における $T+\delta$ 期間の無リスク金利を r^* とする.ここで次の仮定をおく.

- $\log(f_T/f)$ は標準偏差が $\sigma\sqrt{T}$ の正規分布
- 金利は時刻 T まで一定

次に T を決済日とする δ 期間の先物金利を F で表すと,2.4 節の議論から $f=F$ が成り立つ.先物のブラック公式 (6.4), (6.5) から,単位想定元本あたりのキャップレットの価格 C_{pt} は

$$C_{pt} = \delta e^{-r^*(T+\delta)}\{fN(d_1) - KN(d_2)\} \tag{6.7}$$

で与えられる.ここで d_1, d_2 は

$$d_1 = \frac{\log(f/K) + \sigma^2 T/2}{\sigma\sqrt{T}}, \quad d_2 = \frac{\log(f/K) - \sigma^2 T/2}{\sigma\sqrt{T}} \tag{6.8}$$

である.

同様にフロアレットの価格 F_{lt} も (6.3) から

$$F_{lt} = \delta e^{-r^*(T+\delta)}\{-fN(-d_1) + KN(-d_2)\} \tag{6.9}$$

で与えられる.

$e^{-r^*(T+\delta)}$ は連続複利による時刻 $T+\delta$ からの割引率を意味しているが,実務においては市場のスワップ金利と LIBOR などの短期金利から導いた割引率が使われている.この場合,時刻 $t=0$ にわかる $T+\delta$ までの割引率を $D_{T+\delta}$ で表すと,(6.7) と (6.9) は次のようになる.

$$C_{pt} = \delta D_{T+\delta}\{fN(d_1) - KN(d_2)\} \tag{6.10}$$

$$F_{lt} = \delta D_{T+\delta}\{-fN(-d_1) + KN(-d_2)\} \tag{6.11}$$

キャップ,フロアの価格はこれらの個々のキャップレット,フロアレットの価格の和である.次に,半年利払いで期間 n 年のキャップの価格を導こう.簡単のため

$$T_i = \delta i, \quad D_i = D_{T_i}, \quad i = 1, \cdots, 2n$$

と書くことにする.$t=0$ における T_i 年先のフォワード・レートを f_i,そのボラティリティを σ_i で表すとキャップの価格 C_p は

$$C_p = \sum_{i=1}^{2n-1} \delta D_{i+1}\{f_i N(d_1^i) - KN(d_2^i)\} \tag{6.12}$$

で与えられる.ここで d_1^i, d_2^i は

$$d_1^i = \frac{\log(f_i/K) + \sigma_i^2 T_i/2}{\sigma_i \sqrt{T_i}}, \quad d_2^i = \frac{\log(f_i/K) - \sigma_i^2 T_i/2}{\sigma_i \sqrt{T_i}} \tag{6.13}$$

で,σ_i は f_i のボラティリティである.

フロアも同様に

$$F_l = \sum_{i=1}^{2n-1} \delta D_{i+1}\{-f_i N(-d_1^i) + KN(-d_2^i)\} \tag{6.14}$$

で与えられる.

例 6.3 キャップレット・フロアレットの価格を計算してみよう.5.1.2 項の計算例と同じく,6 ヶ月金利が 0.73%,1 年スワップ金利が 0.8% とすると,半年先のフォワード・レートは 0.8703%,1 年先までの割引率は 0.9920464 である.

そこでボラティリティが年率で 80%,ストライクを 1% とした場合,(6.8),(6.10),(6.11) より以下の結果を得る.

$T = 0.5$

$\delta = 0.5$

割引率 $= 0.9920464$

$\log(f/K) = \log(0.008703/0.01) = -0.138917$

$d_1 = 0.037269$

$d_2 = -0.52842$

$C_{pt} = 7.41$ (bp)

$F_{lt} = 13.85$ (bp)

■

演習 6.1 実際に上の計算を実行し,パラメータを変えて価格への影響を考察せよ.

キャップ・フロア・パリティ

キャップ・フロアについてもプット・コール・パリティが成立する.ここでは簡単のため,ブラック公式を使って同じストライク K のキャプレットとフロアレットの価格差を求めてみる.(6.10) と (6.11) よりキャップ・フロア・パリティは次式のようになる.

$$C_{pt} - F_{lt} = \delta D_{T+\delta}(f - K) \tag{6.15}$$

とくに無リスク金利が低く,オプション満期日までの期間が短い場合は $D_{T+\delta} \approx 1$ なので,次の近似式を得る.

$$C_{pt} - F_{lt} \approx \delta(f - K) \tag{6.16}$$

この近似式もプログラミング時の簡易的なチェックに利用できる.

例 6.4 上の例で (6.16) を確かめてみると,次のような近似になっていることがわかる.

$$C_{pt} - F_{lt} = 7.41 - 13.85 = -6.44 \text{ (bp)}$$

$$\delta(f - K) = 0.5 \times (87.03 - 100.0) = -6.49 \text{ (bp)}$$

∎

6.2.3　キャップ・フロアのボラティリティと市場取引

(6.12), (6.14) 式に現れるボラティリティは個々のフォワード LIBOR ごとに異なるはずであるが, 通常はボラティリティを一定とみなした考え方が使われている. そうすることで, 市場価格からインプライド・ボラティリティを一意的に定めることができる. この場合も付録 A.3.2 項に示した方法でインプライド・ボラティリティを求めることができる.

> **✍ Notice!**　3.3 節で示した表 3.2 や表 3.4 のように, 上場オプションは通常オプションの価格そのもので取引されている. 一方キャップ・フロアは価格ではなく, インプライド・ボラティリティで取引されている点が特徴的である. そのボラティリティはブローカーによってストライク別・期間別に公表されている. 表 6.5 はキャップの市場データの例である.

表 6.5　キャップのインプライド・ボラティリティ (%) [44]

| 期間 (年) | 2 | | 3 | | 4 | | 5 | |
ストライク (%)	bid	offer	bid	offer	bid	offer	bid	offer
0.25	62	112	62	88	62	82	63	77
0.5	61	111	61	87	61	81	61	75
0.75	60	110	60.5	85.5	60	80	59.5	73.5
1.0	60	110	60.5	85.5	59	79	58.5	72.5
1.5	60	110	60.5	85.5	59	79	59	72

∎

この表から, 各年限のインプライド・ボラティリティのビッド・オファーの平均 (ミッド) を図 6.3 に示す. 図からボラティリティはイン・ザ・マネーからアウト・オブ・ザ・マネーに向かって緩やかに低下傾向にあることがわかる. これはボラティリティ・スキューと呼ばれ, 近年の国内金利市場でよくみられる現象である.

---

[44] 情報元: ティーアイユーデリバティブズ株式会社. 2003 年 6 月 18 日引け値. 期間の短いところでの取引が少ないため, オファー・ビッドが極端に開いている.

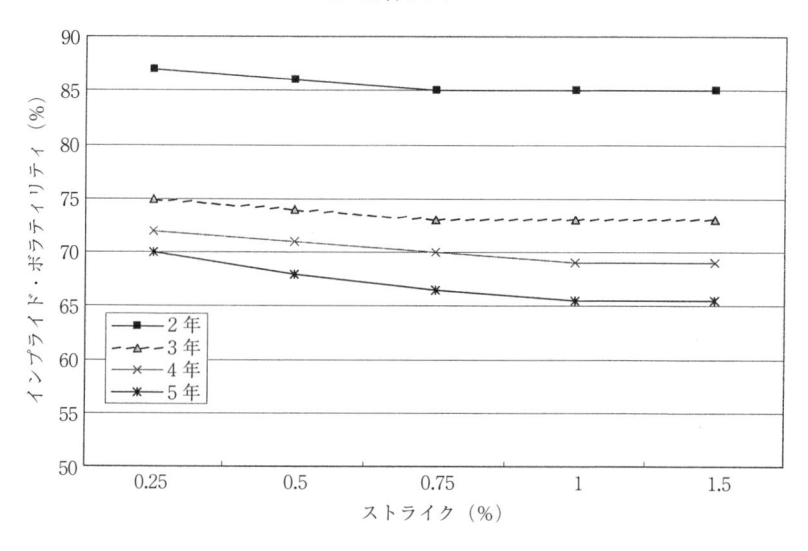

図 6.3 キャップのスマイル (ミッド)

🔧 Notice! 注 6.3　キャップ・フロアは上場オプションほど取引が多くないため，取引の薄いストライクや年限のところでは直近の取引価格がいつも参考になるとは限らない．また，期間が違えばペイオフの回数も違うので，プレミアムだけでは価格の妥当性がわかりにくい．それが表 6.5 のようにボラティリティで表されていると，前後のストライクや年限でのボラティリティとの関係によって，価格の割高割安感や，市場の歪みを把握しやすいメリットがある．■

キャップ・フロアのリスク管理

キャップ・フロアのリスクも 4.3.2 項と同様，デルタ，ガンマなどのリスク指標に分解して管理されている．この場合，原資産のフォワード LIBOR が複数存在するため，それぞれの変数に対してデルタ，ガンマを計算すればよい．これは個々のキャップレット・フロアレットについてリスク管理することと同じで，管理が煩雑になるので，すべてのフォワード LIBOR が等量変化，すなわち平行移動すると仮定して，便宜的に扱う方法も行われている．この考え方でリスク指標を定義するなら以下のようになる．

i) デルタ：フォワードLIBORが平行移動した場合の $\dfrac{\text{オプション価格変化量}}{\text{金利変化量}}$.

ii) ガンマ：フォワードLIBORが平行移動した場合のオプション価格変化量の2次微係数.

iii) ベガ：インプライド・ボラティリティはすべてのキャップレットで一定とした場合の $\dfrac{\text{オプション価格変化量}}{\text{IV変化量}}$.

iv) セータ：時間経過に対するオプション価格の変化率.

v) ロー：無リスク金利の変化に対するオプション価格の変化率.

各リスク指標は4.3.2項のように偏微分で求められるが，4.3.3項のように差分形で求める方法も十分実用的である．

キャップ・フロアのデルタ・ヘッジを行う際の原資産はフォワードLIBORである．そのために相対取引のFRAや，上場ものでは短期金利先物がヘッジ・ツールとなる．厳密には短期金利先物の金利はフォワード金利とは一致しない．これは先物と先渡価格との微妙な違いである．また表2.8でみたように，現状では短期金利先物の取引はほとんどが1年程度先までしかなく，FRAも1年先以内の取引が中心である．長い年限のキャップレットには，フィットするヘッジ・ツールがないので，近似的にスワップなどが使われている．

6.3　スワプション

6.3.1　スワプションの概要

スワプションは将来のある期日に金利スワップを実行できるオプションである（表6.6）．キャップ・フロアは短期金利の変動リスクをヘッジすることが目的であるが，スワプションは中長期の金利変動リスクに備えるオプションである．オプションの対象となるスワップが固定金利受け取り・変動金利払いの場合にはレシーバーズ・スワプション，固定金利払いはペイヤーズ・スワプションと呼ばれる．レシーバーズ・スワプションは固定受けという意味で債券の買いと同じポジションになるので，コール・オプションとみなされる．逆にペイヤーズ・スワプションは固定払いなので，上の逆でプット・オプションとみなされる．

表 6.6 スワプション取引

権利行使日	通常 1 週間後～5 年先
スワップ期間	通常 2～7 年
利払い間隔	半年または 3 ヶ月
変動金利	利払い間隔に対応する期間の LIBOR
権利行使金利 (ストライク)	権利行使のできる固定金利
プレミアム	スワプションのオプション価格
想定元本	金利差額を計算する際の名目上の元本

権利行使日の形でみた場合,将来の一期日に権利行使ができるものをヨーロピアン・スワプションといい,実際の取引はほとんどこのタイプである.他に,将来の一定期間中に何回か権利行使のできるものをバミューダン・スワプションという.これは金利系のエキゾチック・オプションの中で最も重要なものである.以下ではとくに断りのない場合,単にスワプションと記述している場合はヨーロピアン・スワプションを指すものとする.

スワプションはキャップ・フロアと同様,相対で取引され,表 6.6 の項目について取決めを行う.

例 6.5 1 年後に 5 年満期の社債を 100 億円発行する予定の企業があるとする.例えば 1 年後に社債の償還を控え,再び社債発行で資金調達する場合である.この企業は市場のスワップ金利 +50bp の利率で社債を発行できる信用力をもつとする.そのとき長期金利が上昇していく状勢にあるなら,次のようなペイヤーズ・スワプションを取引しておくことで金利上昇リスクを回避できる.

- 想定元本:100 億円
- 権利行使日:1 年後
- スワップ期間:5 年
- 利払い間隔:半年
- 変動金利:6 ヶ月 LIBOR
- ストライク:5%

1 年後に長期金利が上昇し,5 年スワップ金利が 7%になったとする.ここでスワプションを行使し 5%の固定金利を払い,同時に 5 年スワップ (固定受け) を取引して 7%の固定金利を受け取れば,2%の差額金利を毎年受け取ることができる.したがってこの時点で 5 年の社債を利率 7.5% (= 7.0 + 0.5) で発行しても,事実上 5.5% (= 7.5 − 2.0) の利払いで社債を発行していることに等しく,

6.3 スワプション

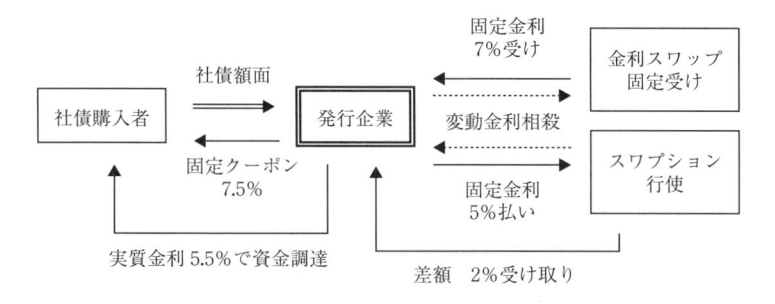

[図: ペイヤーズ・スワプションを組み合わせた資金調達の図解]
- 社債購入者 ← 社債額面 → 発行企業
- 社債購入者 ← 固定クーポン 7.5% ← 発行企業
- 実質金利 5.5%で資金調達
- 発行企業 ← 固定金利 7%受け ─ 金利スワップ 固定受け
- 発行企業 ─ 変動金利相殺 ─
- 発行企業 → 固定金利 5%払い → スワプション行使
- 差額 2%受け取り

図 6.4 ペイヤーズ・スワプションを組み合わせた資金調達コスト低減の仕組み

金利上昇リスクを回避できたことになる (図 6.4).

1 年後のスワップ金利が 5% の場合はスワプションの権利を放棄するが，利率 5.5% (= 5.0 + 0.5) で発行できる．いずれにしても 5.5% 以下の利率で資金を調達できるわけである．■

スワプションも債券先物オプションも中長期金利のリスク・ヘッジを目的にする点では同じであるが，その利用法には次のような違いがある．債券先物オプションは主に国債とか社債などの債券 (資産) の価格下落 (金利上昇) に対するヘッジに使われる．一方，ある期間内に起きる利払いや金利収入などのキャッシュ・フローを有利な形にするためにスワプションが使われる．

また，債券先物オプションは取引される限月が半年先程度までなので，短期的な金利変動リスクに対するヘッジに限られる．スワプションは相対取引なので，5 年先スタート 5 年間といった中長期的なリスク・ヘッジも可能という点で違いがある．

6.3.2 ヨーロピアン・スワプションの価格

次にブラック・モデルに従って，ヨーロピアン・スワプションの価格を導いてみよう．現在時刻を $t = 0$，権利行使日を T とする．スワップ期間は n 年で，利払いは半年ごとに年 2 回で，$\delta = 0.5$ とする．ストライク K で想定元本 L のペイヤーズ・スワプションを買った場合を考える．権利行使日 T において n 年スワップ金利 S が K より高いなら，権利行使により固定金利 K を払い，変動金利を受け取る．同時に逆サイドのスワップ (固定受け) を取引すると，変動

金利は受け払いで完全に相殺される．したがってストライクとスワップ金利との金利差 $(S-K)$ の受け取りが n 年間確定する．一方 $S \leq K$ なら権利行使しないので，キャッシュ・フローは発生しない．したがってペイヤーズ・スワプションのペイオフは

$$\text{ペイオフ} = \max[(S-K)\delta L, 0]$$

と表される．これは金利のコール・オプションに等しい（図 6.5）．

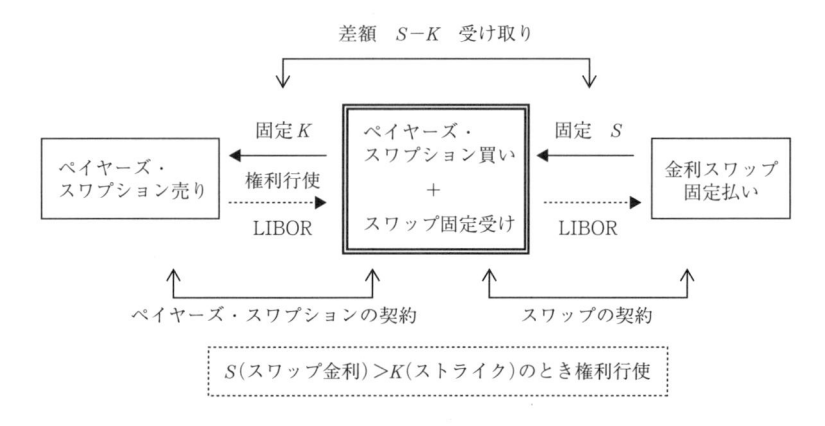

図 6.5 ペイヤーズ・スワプションの権利行使

権利行使した場合のキャッシュ・フローは第1回目が権利行使日 T より δ 後の $T+\delta$ に始まり，δ 間隔で $T+n$ 年まで $2n$ 回続く．時刻 $t=0$ における期間 $T+\delta i$ 年 $(i=1,\cdots,2n)$ についてまでの無リスク金利を r_i で表し，T 年先スタートのフォワード・スワップ金利を F，時刻 $t=T$ における同じ期間のフォワード・スワップ金利を F_T で表す．そして次を仮定する．

- $\log F_T/F$ は標準偏差が $\sigma\sqrt{T}$ の正規分布．
- 無リスク金利は $T+n$ 年先まで確定．

この結果，キャップレットのときと同様に，i 回目に受け取るペイオフの現在価値は単位想定元本あたり，

$$P_i = \delta e^{-r_i(T+\delta i)}\{FN(d_1) - KN(d_2)\} \tag{6.17}$$

で与えられる．ここで d_1, d_2 は

$$d_1 = \frac{\log(F/K) + \sigma^2 T/2}{\sigma\sqrt{T}}, \quad d_2 = \frac{\log(F/K) - \sigma^2 T/2}{\sigma\sqrt{T}} \qquad (6.18)$$

である.(6.17) を $2n$ 回のキャッシュ・フローについて合計すれば,ペイヤーズ・スワプションの価格は

$$P = \delta\{FN(d_1) - KN(d_2)\} \sum_{i=1}^{2n} e^{-r_i(T+\delta i)} \qquad (6.19)$$

で表される.キャップ・フロアと違って,各ペイオフとそれに関わる d_1, d_2 がキャッシュ・フローの時刻によらず,一定であることに注意しておきたい.

レシーバーズ・スワプションの場合はストライクの金利が市場金利より高いときに,ストライクの金利 K を受け取って市場金利 S を支払えば,金利差 $(K-S)$ の受け取りが確定する.一方 $S > K$ なら権利行使しないので,キャッシュ・フローは発生しない.したがってペイオフはペイヤーズの逆で,

$$\text{ペイオフ} = \max[(K-S)\delta L, 0]$$

である.i 回のペイオフの現在価値は単位想定元本あたり

$$R_i = \delta e^{-r_i(T+\delta i)}\{-FN(-d_1) + KN(-d_2)\} \qquad (6.20)$$

で与えられる.これの和からレシーバーズ・スワプションの価格は以下のようになる.

$$R = \delta\{-FN(-d_1) + KN(-d_2)\} \sum_{i=1}^{2n} e^{-r_i(T+\delta i)} \qquad (6.21)$$

実務では,連続複利 r のかわりに市場のスワップ金利と LIBOR から導いた割引率を使うので,この場合は

$$P = \delta\{FN(d_1) - KN(d_2)\} \sum_{i=1}^{2n} D_i \qquad (6.22)$$

$$R = \delta\{-FN(-d_1) + KN(-d_2)\} \sum_{i=1}^{2n} D_i \qquad (6.23)$$

となる.ここで D_i は $t=0$ における時刻 $T+\delta i$ までの割引率である.

ブラック・モデルによるスワプション価格式では,スワップ満期の $T+n$ 年

まで無リスク金利の確定を仮定している．この条件のもとでは，T 年先 n 年間のフォワード・スワップ金利が決まっているので，将来のスワップ金利の不確実性を測ることに矛盾している．この点がブラック・モデルによるスワプション価格式の難点として知られている．

しかし，フォワード・スワップ金利が対数正規分布しているという仮定は経験的に受け入れやすく，価格式の意味がわかりやすい点や，リスク管理がブラック・ショールズ・モデルと同じフレームワークで実現可能なことなど，総合的な実用性に優れていることから市場取引のスタンダードとなっている．

演習 6.2 3ヶ月利払いのスワプションの場合の価格式を導け．

例 6.6 5.2 節の計算例の条件下で単位元本あたりのスワプションの価格を求めてみよう．スワプションは 1 年先スタート 2 年間とする．対応する期間のフォワード・スワップ金利は 0.2% である．このボラティリティを 80% とし，ストライクを 0.3% としよう．5.2 節の計算結果より割引率は以下のようになる．

$$D_1 = 0.998576$$
$$D_2 = 0.997803$$
$$D_3 = 0.996630$$
$$D_4 = 0.995210$$
$$\sum_{i=1}^{4} D_i = 3.988219$$

これより，スワプション価格はペイヤーズ，レシーバーズそれぞれ以下のようになる．

$$T = 1.0$$
$$\delta = 0.5$$
$$\log(F/K) = \log(0.002/0.003) = -0.40547$$
$$d_1 = -0.10683$$
$$d_2 = -0.90683$$

$$FN(d_1) - KN(d_2) = 0.0003682$$
$$-FN(-d_1) + KN(-d_2) = 0.0013682$$
$$P = 7.34 \text{ (bp)}$$
$$R = 27.28 \text{ (bp)}$$

■

スワプションのプット・コール・パリティ

スワプションのプット・コール・パリティについて考えてみよう．同じストライク K のペイヤーズ・スワプションとレシーバーズ・スワプションの価格差は (6.22) と (6.23) より

$$P - R = \delta(F - K) \sum_{i=1}^{2n} D_i \tag{6.24}$$

となる．とくに $D_i \approx 1$ $(i = 1, \cdots, 2n)$ が成立していれば，$\delta = 0.5$ なので次の近似式を得る．

$$P - R \approx n(F - K) \tag{6.25}$$

例 6.7 上の例で (6.25) を確かめてみると，次のような近似になっていることがわかる．

$$P - R = 7.34 - 27.28 = -19.94 \quad \text{(bp)}$$
$$n(F - K) = 2 \times (20.0 - 30.0) = -20.0 \quad \text{(bp)}$$

■

スワプションのリスク管理

スワプションのリスク評価も 4.3.2 項と同様，デルタ，ガンマ，ベガ，セータ，ローなどのリスク指標によって行う．とくにデルタ評価においては，原資産がフォワード・スワップ金利の 1 資産なので，キャップ・フロアよりわかりやすい．また，インプライド・ボラティリティや各リスク指標も 6.2.3 項や A.3.2 項のように，偏微分や差分で求めることができる．

スワプションのデルタ・ヘッジにはフォワード・スワップと，スワップ金利

先物などを使う．先物は限月がせいぜい半年先までのものしか上場していない．権利行使日までの期間の長いものについてはフォワード・スワップでヘッジすることになるがこれは相対取引商品なので，金利スワップを大規模に扱っている金融機関ほど，ヘッジのための取引コストの点で有利である．

スワプションの市場取引

スワプションもキャップ・フロアと同様にボラティリティで取引されている．表 6.7 はブローカーによって提示されているヨーロピアン・スワプションのインプライド・ボラティリティの例である．キャップ・フロアと違うのはアト・ザ・マネーでのインプライド・ボラティリティだけが公表されている点である．

表 6.7　スワプションのインプライド・ボラティリティ (%)[45]

権利行使日	スワップ期間 (年)				
	1	2	3	4	5
1ヶ月	70	57	47	48	49
3ヶ月	70	57	47	48	49
6ヶ月	69	56	50	51	52
9ヶ月	63	56	50.8	51.8	53
1年	57	56	51.8	52.8	54
2年	54	51	52.5	54.5	56.5

この表から次のような価格の歪みがあることに気付く．

- スワップ期間が 2 年から 3 年にかけてボラティリティが不連続に低下している．
- 2 年後 2 年のボラティリティはその前後のボラティリティに比べて不自然に低い．

公表されているボラティリティは直近に行われた取引値なので，取引されていない年限のところではそこのボラティリティが現在の状況を表しているとは限らない．とくに表 6.7 の例の取引日には長期国債が急落したことからスワップとそのオプション市場が影響を受け，ボラティリティが大きく変化したことによってこのような歪みが現れたと考えられる．

Notice!　またキャップ・フロアにみられるスマイル効果を考えると，こ

---

[45] 情報元：ティーアイユーデリバティブズ株式会社　2003 年 6 月 18 日引け値．

れはスワプションにも共通な現象のはずである．したがってアト・ザ・マネーから離れたストライクのスワプションの価格評価に，このスマイル効果を反映させることは重要な課題である*46)．

6.3.3 繰り上げ償還権付社債

スワプションの応用例として，コール条項付きの社債 (コーラブル債) について考えてみよう．コール条項とは繰り上げ償還権条項，期限前償還権条項などと呼ばれ，発行体が満期の前に債券を償還する権利の保有を明記した条項のことである．償還の条件には株価や金利などが参照される場合があるが，ここでは金利を参照するコーラブル債を考える．

固定の利率で 5 年社債を発行したとしよう．その数年後に市場金利が下がっていれば，発行者は金利負担を割高に感じ，少しでも軽減したいはずである．一つには例 5.2 のようにスワップで変動化する方法があるが，ここではオプションを使う方法を述べる．もし社債の期限前償還が可能なら発行済みの社債を償還し，新たに低い利率で満期 3 年の社債を発行できる．スワップの変動払いと違って，その後の金利上昇にも安心である．金利が低下しなければコールしないので，通常の社債と同じである．したがってこの仕組みは社債の発行体にとって，金利低下時の資金調達コストを下げるメリットがある．その意味で，コール条項は一種のコール・オプションであり，コーラブル債の発行は

$$普通社債の発行＋コール・オプションの買い$$

と等価である．このオプションのプレミアムを分割払いでクーポンに上乗せすることで，普通社債より高い利回りでの発行が可能になる．

一方，投資家は，5 年未満で償還される恐れがあるため，投資期間が確定できないというリスクをもたされている．もし金利が下がるとコールされるので，低くなった利回りで再投資させられるからである．したがって投資家にはこのリスクに見合う上乗せ金利を要求できるはずである．

$$コーラブル債の利回り＝$$

---

*46) これについてはいくつかのモデルが研究されている．[30], [32], [34] などを参照のこと．

普通社債の利回り＋期限前償還リスクに見合う上乗せ金利

この上乗せ金利の算出法について，以下の例で考える．

A社は100億円の資金を5年社債の発行で調達することを検討しているものとする．同時に，A社はスワップ金利＋50bpの利率で社債が発行できる信用力があるとする．つまり，5年スワップ金利が7%なら，A社の普通社債を7.5% (=7+0.5) の利率で発行できるとする．

金利の先安観に基づいて，A社がコーラブル債で資金調達したとしよう．償還の権利は2年後に1回だけあるものとする．A社は期限前償還というコール・オプションをもっているので，このヘッジに2年後3年のレシーバーズ・スワプション (想定元本100億円，ストライク5%) を売っておく．

2年後に金利が低下し，3年スワップ金利が4%になっていたとしよう．A社は4.5% (=4.0+0.5) の利率で資金調達ができる状況である．売っておいたスワプションは買い手に権利行使されるので，同時に想定元本100億円の固定受けスワップを取引すると，3年間1%固定払いとなり，この取引だけでは金利1%分の支払い損になる．しかし，発行済みの社債を全額償還し，新規に4.5%の利率で満期3年の社債を同額発行すれば，固定払いの1%とあわせても5.5%の金利負担である．当初7.5%払っていたことを考えると，金利差で2%分有利な条件に改善できたわけである (図6.6)．

はじめにA社が売ったスワプションのプレミアムを100bpとしよう．簡単のためこれを単純に2年で分割払いするなら，年50bpの金利を上乗せし，年8% (=7.5+0.5) の利払いが可能になる[*47]．つまり，投資家は2年後に償還されるリスクに対して0.5%を上乗せしたクーポンを2年間にわたって得ることができる．コールされなかった場合は上乗せ金利なしで，7.5%の利払いが残り3年間確定するのは普通社債と同じである．これをまとめると以下のような発行条件となる．

- 満期：発行日の5年後
- 利率：当初2年間は8%，その後は年7.5%
- 償還条件：発行日の2年後に全額償還の権利を発行者が保有．この場合の

[*47] 償還価格にプレミアムを上乗せして，額面より高く買い取る仕組みもある．

6.3 スワプション

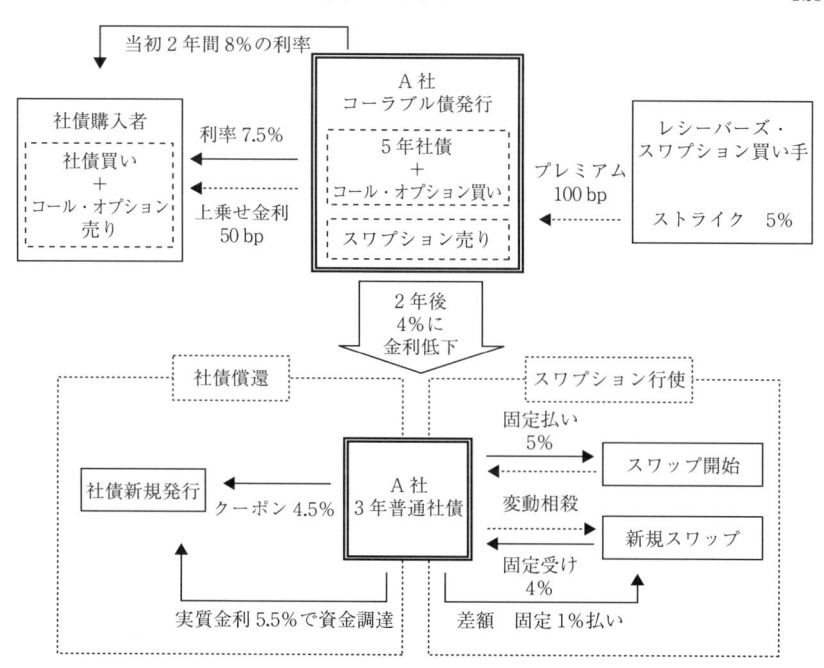

図 6.6 レシーバーズ・スワプションを組み合わせたコーラブル債の発行

償還価格は 100 円
一般的には以下のように表すことができる．

$$\text{コーラブル債の発行利率} = \text{普通社債の利回り} + \alpha$$

ここで α は期限前償還のスキームにあわせて分割払いする上乗せ金利で，

上乗せする α の現在価値の和
　　= 期限前償還に対応するスワプションのプレミアム

となるよう設定すればよい．

次に，コーラブル債の発行によって金利リスクがどのように移転されたかを整理してみよう (図 6.7)．まず，投資家は期限前償還のリスクをとっているので，社債の利回りはそのリスクに見合う金利が上乗せされている．A 社はスワプションを売って，償還のオプションをもっているので，無リスクな状態であ

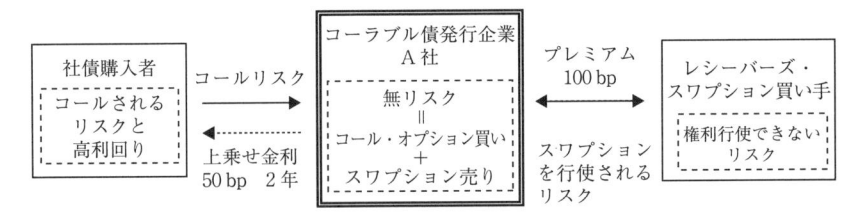

```
社債購入者              コーラブル債発行企業            レシーバーズ・
                         A社                          スワプション買い手
┌─────────┐  コールリスク  ┌─────────────┐  プレミアム  ┌─────────┐
│コールされる│ ────────→  │  無リスク    │   100 bp   │権利行使できない│
│リスクと   │            │     =       │ ←────────→ │リスク        │
│高利回り   │ ←────────  │コール・オプション買い│            │             │
└─────────┘  上乗せ金利   │     +       │ スワプション │             │
             50 bp  2年  │スワプション売り│ を行使される │             │
                         └─────────────┘   リスク    └─────────┘
```

図 6.7　コーラブル債発行に伴うリスクの移転

る．またスワプションを売った代金をプレミアムの支払いにあてるので，A社の金利負担は 7.5% のままであり，普通社債の発行条件と変わらない．スワプションの買い手は金利が低下しない場合にスワプションの権利行使ができないので，プレミアムの支払い損となるリスクを抱えている．

したがって，A社は無リスクで資金調達コストを下げたかのようにみえるが実は違う．コールした場合にスワップでの金利支払いで 1% の損失があるからである．2回目に発行する社債の利率は 4.5% であるが，これより 1% 余計に支払う形で，受けるメリットの対価を払っているわけである．

コーラブル債は金利低下局面では有効な資金調達手段なので，金利が上昇していく経済状況下ではあまり発行されない．また期限前償還という仕組みを受け入れる土壌が投資家側に十分育っているかということも，発行側にとっては重要な課題である．他に償還が任意の期日にできるコーラブル債の場合，これをヘッジするスワプションがアメリカンもしくはバミューダンになるので，その価格の評価には金利期間構造モデルと呼ばれる高度なモデルが必要になるなどの課題がある[*48]．

演習 6.3　上の例では 2 年後の 3 年スワップ金利を 4% と想定したが，これが 3% と 5% になった場合に A 社の資金調達コスト (金利) がそれぞれいくらになるかを確かめよ．

[*48)] 金利期間構造モデルの概略の説明は 6.5 節を参照．

6.4 デリバティブ・ポートフォリオのリスク管理

これまでは，単一のデリバティブの価格付けやリスク評価について述べてきた．金融機関では膨大な件数のデリバティブを扱っているので，オプションを個別にヘッジすることは手間やコストの面で合理的ではない．したがってこのポートフォリオを総合的に管理する工夫が必要となる．しかし，個々の金融機関の保有するデリバティブの目的や残高の規模・構成はさまざまである．例えば中小の金融機関では保有しているデリバティブの残高は比較的少ないが，大手金融機関はデリバティブ取引でリスクをとって管理する側であり，その残高も大規模である．業務形態でみると，広く強い顧客基盤をもつ金融機関ではプレーンなデリバティブを多量に取引できる．そうでないところでは複雑なデリバティブ商品を扱うサービスを強みとする場合もある．当然，リスク管理の方法はその残高や内容によって違うし，導入しているシステムによっても異なる．そのため，ここでは詳細な方法論には立ち入らず，リスク管理の考え方の一例として単純化したデリバティブ・ポートフォリオのヘッジの方法を説明する[*49]．

金融機関が保有するデリバティブの年限やストライク，想定元本は多様な組み合わせで構成されているが，ここでは表 6.8 のように単純化したモデル・ポートフォリオを考える．スワプションが買いポジションなのは，前節のコーラブル債の発行に伴うレシーバーズ・スワプションを買う側にあるなどの理由があげられる．国内の大手金融機関の場合，金利スワップの残高は想定元本ベースで数百兆円規模[*50]なので，表 6.8 のポートフォリオはそれより 2 桁ほど小さな規模のモデルである．

表 6.8 モデル・ポートフォリオ

	期間 (残存)	想定元本 (億円)
金利スワップ　固定受け	3 年	10000
金利スワップ　固定払い	3 年	10000
キャップ　売り	3 年	100
レシーバーズ・スワプション　買い	1 年後 2 年	100

[*49] より詳細な議論については [25] などを参照のこと．
[*50] 1990 年代後半にはこの水準に達している．

まずスワップの契約の平均残存を3年と仮定し，固定の受けと払いでそれぞれ1取引のスワップとみなすことにした．オプション期間についても同様で，平均年限が3年のキャップと，1年後2年のスワプションとみなすことにする．

このように簡略化しても表6.9のように，それぞれのデリバティブの原資産は同じではない．

表 6.9　各デリバティブの原資産

	原資産	年限
金利スワップ　受け・払い	スワップ金利	3 年
キャップ	フォワード LIBOR	3 年間
レシーバーズ・スワプション	フォワード・スワップ金利	1 年後

原則的には，これらの原資産の変動に対するリスク評価を個別に行うことになるが，簡単のためイールド・カーブはフラットでその変化は平行移動のみとしよう．すると，表6.9の各原資産はすべて同じ動きをするので，1元的なリスク管理が可能になる．この前提のもとで，上のポートフォリオをヘッジする方法の例を以下に示す．

まずスワップのベーシス・ポイント・バリューは受け・払いとも2.7bpと仮定しよう．この場合，想定元本が1兆円なので，固定金利受け取り側で金利1bpの上昇(下降)に対し，約2.7億円の損失(下降の場合は利益)となる．

キャップは，個々のキャップのリスク値全体の和として，単位想定元本あたりのリスク値を以下のように仮定する．

$$\text{デルタ} = 1.2$$
$$\text{ガンマ} = 80$$
$$\text{ベガ} = 0.05$$
$$\text{セータ} = -0.004$$

スワップのベーシス・ポイント・バリューに相当するキャップのデルタは

$$\text{デルタ} = \text{想定元本} \times \text{デルタ} \times 0.0001$$
$$= 100 \times 1.2 \times 0.0001 = 0.012 \quad (\text{億円/bp})$$

である．上式の右辺のデルタは単位想定元本あたりのポートフォリオの価格変

化率のことで，係数としての意味をもつ．左辺のデルタはポートフォリオ全体の価値の 1bp あたりの変化率を意味し，金額に近い意味で使われる．以下のガンマ，ベガ，セータについても同様である．

$$\text{ガンマ} = \text{想定元本} \times \text{ガンマ} \times 0.0001 \times 0.0001$$
$$= 100 \times 80 \times 0.00000001 = 0.00008 \quad (\text{億円}/\text{bp}^2)$$
$$\text{ベガ} = \text{想定元本} \times \text{ベガ} \times 0.01$$
$$= 100 \times 0.05 \times 0.01 = 0.05 \quad (\text{億円}/\%)$$
$$\text{セータ} = \text{想定元本} \times \text{セータ}$$
$$= 100 \times -0.004 = -0.4 \quad (\text{億円}/\text{年})$$

次にレシーバーズ・スワプションのリスク値を以下のように仮定すると，ポートフォリオ全体のリスク値は表 6.10 のようになる．ここでデルタと bpV は同じリスク指標とみなすことにする．

$$\text{デルタ} = -0.8$$
$$\text{ガンマ} = 70$$
$$\text{ベガ} = 0.04$$
$$\text{セータ} = -0.004$$

表 6.10　ポートフォリオのリスク値 (億円，ガンマは万円)

	想定元本 (億円)	デルタ・bpV	ガンマ/bp²	ベガ/%	セータ/年
金利スワップ 受け	10000	−2.7	-	-	-
金利スワップ 払い	10000	2.7	-	-	-
キャップ 売り	100	−0.012	−0.8	−0.05	0.4
スワプション買い	100	−0.008	0.7	0.04	−0.4
ネット計		−0.02	−0.1	−0.01	0

全体 (ネット) でみると，スワップの固定受けと払いとでベーシス・ポイント・バリューがほとんど相殺されるので，ポートフォリオ全体のベーシス・ポイント・バリューは −0.02 である．これは金利 1bp の上昇に対してネットで 200 万の損失となる規模である．またキャップの売りとスワプションの買いによって，ガンマとベガ，セータがそれぞれ相殺され，ネットでリスク値が低減していることもわかる．この状態からのヘッジは以下のように行う．

i) 最初にベガ・ヘッジを行う. ベガ・リスクについてはボラティリティ 10% の変動に対してネットで約 1000 万円の損失である. このヘッジのために, 同じ年限のレシーバーズ・スワプションを買い足して 112.5 億とし, キャップは 90 億に残高を減らす (あるいはキャップの買いを 10 億増やす). その結果表 6.11 のようにベガ・リスクがゼロ (ベガ・ニュートラル) のポートフォリオになる.

表 6.11 ベガ・ヘッジ後のリスク値 (億円, ガンマは万円)

	想定元本 (億円)	デルタ・bpV	ガンマ/bp^2	ベガ/%	セータ/年
金利スワップ 受け	10000	−2.7	-	-	-
金利スワップ 払い	10000	2.7	-	-	-
キャップ 売り	90	−0.0108	−0.72	−0.045	0.36
スワプション買い	112.5	−0.009	0.7875	0.045	−0.45
ネット計		−0.0198	+0.0675	0.0	−0.09

ii) ガンマはネットでプラスであるが, これはデルタ・ヘッジの 2 次の誤差である. このケースでは仮に金利が 10bp 変動しても

$$0.0675 \times 10 \times 10 = 6.75 \quad (万円)$$

であり, 約 7 万円の利益となるのでこの状態で維持しておく.

iii) 最後にデルタ・ヘッジのために 3 年のスワップ固定払い (またはスワップ先物の売り) を想定元本で 73 億円増やすとデルタ・ニュートラルになる. この結果, 表 6.12 のようなポートフォリオになる.

この結果, 表 6.10 ではデルタ・リスクだけで 200 万円/bp だったが, ヘッジ後では以下の計算より, 金利が 10bp 変動してもデルタとガンマを合わせて約 2 万円の損失に抑えられていることがわかる.

$$-0.9 \times 10 + 0.0675 \times 10 \times 10 = -2.25 \quad (万円)$$

表 6.12 デルタ・ヘッジ後のリスク値 (億円, ガンマは万円)

	想定元本 (億円)	デルタ・bpV	ガンマ/bp^2	ベガ/%	セータ/年
金利スワップ 受け	10000	−2.7	-	-	-
金利スワップ 払い	10073	2.7197	-	-	-
キャップ 売り	90	−0.0108	−0.72	−0.045	0.36
スワプション買い	112.5	−0.009	0.7875	0.045	−0.45
ネット計		−0.00009	+0.0675	0.0	−0.09

上の例では3年までの年限のデリバティブに限定して考えたが，実際にはポートフォリオを年限別に分類し，それぞれの年限の金利変動に対してリスク評価をするといった管理法が導入されている．このようにプレーンなデリバティブで構成される大規模なポートフォリオを総合的にリスク管理するという面で，ブラック・モデルは実用性に優れたモデルであるといえる．もちろん情報技術の発達によって，このようなリスク管理が可能になったことも特筆すべきであろう．

演習 6.4 上の例でデルタ・ヘッジを最後に行った理由を考えよ．

6.5 金利期間構造モデルの概要

キャップ・フロアやスワプションなどのプレーンな金利系オプションではブラック・モデルが市場取引のスタンダードになっている．しかし，このモデルはオプション権利行使日までの金利が確定しているため，行使日以前の金利変化を考慮できない．したがって，複雑なペイオフをもつエキゾチック・オプションには対応できない．例えば，バミューダン・スワプションには権利行使日が複数回あるため，最終権利行使日より前の権利行使日での金利の確率的なモデル化が必要とされるわけである．

そのためにイールド・カーブの挙動を確率過程で表現できる数理モデルが研究されてきた．これらは金利期間構造モデルと呼ばれ，すでに多くの金融工学の専門書で紹介されている[*51]．これらを学ぶには確率過程論の準備が必要で，本書のレベルを越えているが以下にその概要を簡単に紹介しておく．

利子のつかない債券を割引債と呼ぶ．そして $P(t,T)$ で時刻 t における満期 T の無リスクな割引債の価格を表すことにしよう．この価格は時刻 t における時刻 T までの割引率に等しい．

$$P(t,T) = 時刻\, t\, における時刻\, T\, までの割引率$$

時刻 t における期間 δ の単利金利 $K(t)$ について

[*51] [9], [11], [13], [15], [16], [19] など．

$$P(t, t+\delta) = \frac{1}{1+\delta K(t)}$$

が成立する．したがって次を得る．

$$K(t) = \frac{1 - P(t, t+\delta)}{\delta P(t, t+\delta)}$$

この金利はスポット・レートと呼ばれ，各時点 t からの投資利回りを意味している．

$P(t,T)$ が T について偏微分可能なら，時刻 t における瞬間的連続複利のスポット・レート $r(t)$ は上式の $\delta \to 0$ の極限をとることで

$$r(t) = -\frac{\partial \log P(t,t)}{\partial T}$$

で与えられる．また時刻 t における期間 $[T, T+\delta]$ の単利フォワード・レートは

$$K(t,T) = \frac{P(t,T) - P(t, T+\delta)}{\delta P(t, T+\delta)}$$

と表され，上と同様に瞬間的フォワード・レート $f(t,T)$ は

$$f(t,T) = -\frac{\partial \log P(t,T)}{\partial T}$$

で導かれる．このように，割引債価格からさまざまな金利を導くことができるので，割引債を基本資産とし，その価格の挙動を確率過程として記述する．これは債券の価格過程と呼ばれ，数学的に定義された無裁定条件を満たすことが求められる．金利期間構造モデルとはこの債券価格過程 $P(t,T)$ によってイールド・カーブの不確実な挙動をモデル化するものである．$P(t,T)$ は確率微分方程式によって記述され，この方程式を解くと将来時刻の金利の分布がわかる．その結果さまざまなオプション価格を一つのモデルで統一的に求めることができる．

金利期間構造モデルはイールド・カーブのモデル化によって，
- スポット・レート・モデル
- フォワード・レート・モデル

の 2 種類に大別できる．スポット・レート・モデルとは短期金利の挙動を確率過

6.5 金利期間構造モデルの概要

程でモデル化し，中長期の金利は短期金利に連動して変動するモデルである．理論が比較的わかりやすいことと，エキゾチック・オプションの数値計算が扱いやすいことから広く利用されている．実際に使われているものには Ho–Lee [40], Hull–White [41], Vasicek [47], Cox–Ingersoll–Ross [37] などがある．これらのモデルでは長期金利が短期金利と同じように変動するので，イールド・カーブの変形を十分モデル化できない難点がある．またボラティリティなどのパラメータ設定にはキャップ・フロアやスワプションの市場価格との整合が必要であるが，十分な整合性を得るには限界がある．

フォワード・レート・モデルはスポット・レートだけでなくフォワード・レート全体の挙動をモデル化したものである．イールド・カーブの多様な変化を柔軟にモデル化できる利点をもつが，その分パラメータ設定が複雑になるといった課題を抱えている．よく知られたモデルには Heath–Jarrow–Morton [39], Brace–Gaterek–Musiela [36] などがある．

金利期間構造モデルを金利の分布性状でみると

- 正規分布型モデル
- 対数正規分布型モデル

に大別できる．上にあげたモデルの中では Ho–Lee [40], Hull–White [41], Vasicek [47] が正規分布型を基本としたモデルである．これらのモデルでは，負の金利が有限な確率で発生する．この現象は，金利が高くボラティリティが低い場合には実用上の問題はほとんどないが，低金利高ボラティリティの場合にはマイナス金利の影響が懸念されることがある．

一方金利が負にならない最も基本的なモデルとしては，Cox–Ingersoll–Ross [37] がある．これはスポット・レート・モデルなので，市場価格との整合性には限界がある．Brace–Gaterek–Musiela [36], Jamshidian [42], Miltersen–Sandmann–Sondermann [44], Musiela–Rutkowski [45] は対数正規分布型のフォワード・レート・モデルである．これはキャップ・フロアの価格がブラック公式と同じ形で得られることとプレーンな金利オプションの実際の市場価格との整合性に優れている．この特長からマーケット・モデルと呼ばれている[*52]．

[*52] マーケットモデルの実用化については，[29], [30], [32], [43], [46], [49] の他，非常に多くの文献が出ている．

A

付　　　録

A.1　確率論の基礎用語

　ここでは本文中でよく使う確率論の用語の意味を金融工学の観点から解説しておこう．そのために資産価格の挙動を確率過程としてモデル化する考え方の例によって説明したい[*53]．

A.1.1　株価のランダム・ウォーク

　4.1.3項では，次々に起こるニュースに対して株価が変動するという考え方を説明した．これに基づき，株価の挙動をランダム・ウォークで記述してみよう．

　ある上場企業を A 社とし，A 社の株価の 1 日の挙動を次のようにして考える．ある日に報じられるニュースのうち A 社の株価に影響を与えるニュースは全部で 5 個とし，r_1, r_2, r_3, r_4, r_5 で表す．そして，時刻 t_i $(i=1,\cdots,5)$ にニュース r_i が報じられるとする．ここで，$t_1 < t_2 < t_3 < t_4 < t_5$ である．すべてのニュースは，good か bad という情報だけをそれぞれ 1/2 の確率で伝えるものとする．これを簡単のため以下のように記す．

$$r_i = \left\{ \begin{array}{ll} G_i & \text{if good} \\ B_i & \text{if bad} \end{array} \right\}, \quad i = 1, 2, \cdots, 5$$

そして A 社の株価は各ニュースが good なら 10 円上昇，bad なら 10 円下落すると仮定すると，A 社の株価はニュースが発表されるごとに 10 円刻みのランダム・ウォークをする．

　ニュースの時系列を

[*53)]　厳密な定義については確率論の教科書 [2], [3], [4] などを参照のこと．

A.1 確率論の基礎用語

$$r = (r_1, r_2, r_3, r_4, r_5)$$

と表す．例えば，すべての結果が good のときは $r = (G_1, G_2, G_3, G_4, G_5)$ である．株価の初期値を V_0 とし，r に対応する株価の挙動を $V = (V_0, V_1, V_2, V_3, V_4, V_5)$ で表すと，これがサンプルパスである．逆に株価のサンプルパス $V = (V_0, V_1, V_2, V_3, V_4, V_5)$ がわかれば，ニュースの内容 $r = (r_1, r_2, r_3, r_4, r_5)$ がわかる．$V_0 = 500$ として株価のサンプルパスの例を図 A.1 に示す．

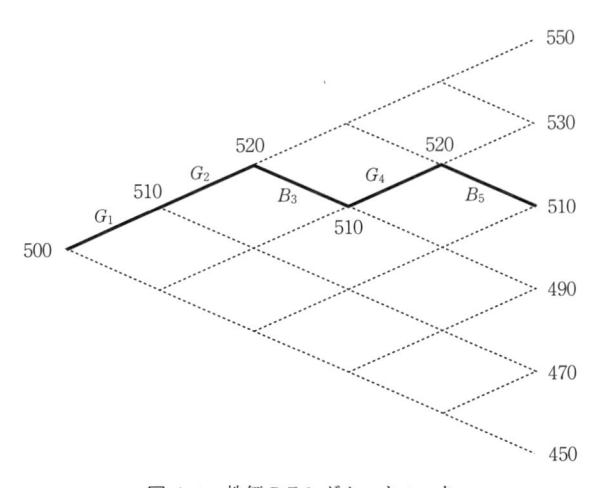

図 A.1 株価のランダム・ウォーク

```
ある日のニュース        r_1, r_2, r_3, r_4, r_5
ニュースの内容          G_1, G_2, B_3, G_4, B_5
株価のサンプルパス      500, 510, 520, 510, 520, 510
```

この例からもわかるように，株価のサンプルパスからこの日のニュースの内容がわかる．つまり株価のサンプルパス全体からなる集合とニュースの可能性の全体からなる集合とは1対1に対応しており，集合として同一視できる．

$$\{ \text{株価のサンプルパス } V \text{ 全体からなる集合} \}$$
$$\equiv \{ \text{ニュース } r \text{ のすべての可能性からなる集合} \}$$

ニュースや市場の動きといった社会的な事象を考えるかわりに，株価のサンプルパスだけに注目すれば数学的なモデル化ができる．この考え方に基づき，株価などの資産価格の挙動をランダム・ウォークやブラウン運動などの確率過程

でモデル化しているのである.

A.1.2 株価変動と確率過程

前項の例は,1日に5個のニュースが公表され,その内容次第で株価が変動するという内容だった.ニュース結果の時系列rの全体からなる集合Ωを考える.前項の例ではΩの元の数は2^5である.また各r_iがGかBをとる確率は$1/2$なので,各事象が起きる確率は一様に$1/2^5 = 1/32$である.ΩをサンプルパスV全体の集合と同一視すれば,各サンプルパスの生じる確率が$1/32$ということでもある.

確率変数とはΩ上の実数値関数のことである.この例ではΩ上の実数値関数Pを定数関数

$$\mathsf{P} = \mathsf{P}(r) := 1/2^5, \quad r \in \Omega$$

として定めると,これは各事象 (サンプルパス) の起こる確率を表す確率変数である.オプション価格の算出のためには,「この日の株価の終値が500円以上になる確率」といった特定の現象が起きる確率を知りたい.例えば,

$$F = \{V \in \Omega : \text{この日の株価の終値が 500 円以上}\}$$

のようなΩの部分集合Fが起こる確率を求めたい.そのためにPをΩの部分集合上でも定義できるように拡張したい.そこで,Ωの部分集合の全体を$\mathcal{F}$と表し,Pを下式のように$\mathcal{F}$上の関数に拡張する.

$$\mathsf{P}(F) = \sum_{V \in F} \mathsf{P}(V), \quad F \in \mathcal{F}$$

Fの元の数を$\mathcal{N}(F)$で表すと,次が成り立つ.

$$\mathsf{P}(F) = \sum_{V \in F} 1/2^5 = \mathcal{N}(F)/32, \quad F \in \mathcal{F}$$

もし$F \in \mathcal{F}$が1本のサンプルパス$r \in \Omega$からなる場合は

$$\mathsf{P}(F) = 1/2^5 = \mathsf{P}(r)$$

なので,PはΩ上の関数から$\mathcal{F}$上の関数に自然に拡張されていることがわかる.

この結果，$P(F)$ は事象の部分集合 F の起こる確率を表し，$\mathcal{F}$ 上の確率測度の例になっている．そして確率空間とはこの $\Omega, \mathcal{F}, P$ の組 $(\Omega, \mathcal{F}, P)$ のことを意味する．

次に $r \in \Omega$ に対応するサンプルパス V の最終到達値 V_5 を $V_5(r)$ で表す．Ω 上の関数 X を

$$X(r) = V_5(r)$$

で定義すると，これも Ω 上の確率変数の例になっている．オプション価格の計算時には，「将来の資産価格の分布」について考えることが多いが，これは将来のある時刻にある価格が実現する確率という意味で使われている．より正確な定義は以下のようになる．実数 R の部分集合 A に対して確率変数 X の分布関数 $\mu(A)$ $(A \subset \mathsf{R})$ は

$$\mu(A) = P(X^{-1}(A))$$

で定義される．$X(r)$ の場合では実数 x に対して，

$$X^{-1}(x) = \{r \in \Omega : V_5(r) = x\}$$

である．これはその日の株価の終値が x 円となるサンプルパスの集合を意味する．したがって

$$\mu(x) = P(X^{-1}(x)) = \{\,\text{終値が } x \text{ 円となるサンプルパスの本数}\,\}/32$$

である．最終価格は 450 円から 20 円刻みで 530 円までの値をとるので，二項分布計算によって X の分布は次のようになる (図 A.2, 表 A.1)．

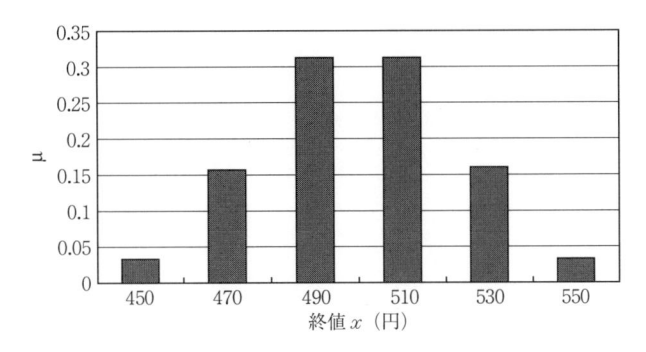

図 **A.2** X の分布

A. 付録

表 A.1 X の分布

x	450	470	490	510	530	550
$\mu(x)$	1/32	5/32	10/32	10/32	5/32	1/32

ここで前項の例で 1 日あたりのニュースの数を無限に増やしていった場合を考えてみよう．まず，1 日に発生するニュースが N 個あるとする．この場合，価格変化の刻みを $1/\sqrt{N}$ とする．N を無限大に増やしていくと，中心極限定理[*54]によって株価の終値の分布は正規分布に近づく．したがって N が十分大きい場合は，株価のランダム・ウォークは 1 日を単位時間としたときのブラウン運動の近似になっている．

フィルトレーション

本文中ではフィルトレーションの概念を扱わないが，4.1 節での議論と関係が深いので簡単に触れておきたい．再び前項の例に戻り，$\mathcal{F}$ の部分集合 $\mathcal{F}_0, \mathcal{F}_1$ を以下で定義する．

$$\mathcal{F}_0 = \{\phi, \Omega\}$$
$$\mathcal{F}_1 = \{\mathcal{F}_0, \{r \in \Omega; r_1 = G_1\}, \{r \in \Omega; r_1 = B_1\}\}$$

明らかに $\mathcal{F}_0$ は何も情報がない状態である．$\mathcal{F}_1$ は一つ目だけのニュースの内容がわかっている状態で，時刻 t_1 にわかっている情報の状態を表す．次に $\mathcal{F}_2$ を

$$\mathcal{F}_2 = \{\mathcal{F}_1, \{r \in \Omega; r_1 = G_1, r_2 = G_2\}, \{r \in \Omega; r_1 = G_1, r_2 = B_2\},$$
$$\{r \in \Omega; r_1 = B_1, r_2 = G_2\}, \{r \in \Omega; r_1 = B_1, r_2 = B_2\}\}$$

とおくと，時刻 t_2 にわかっている情報の状態を表す．帰納的に

$$\mathcal{F}_3 = \{\text{時刻 } t_3 \text{にわかっている情報の状態}\}$$
$$\mathcal{F}_4 = \{\text{時刻 } t_4 \text{にわかっている情報の状態}\}$$
$$\mathcal{F}_5 = \{\text{時刻 } t_5 \text{にわかっている情報の状態}\}$$

を定義することができる．時刻 t_i までのニュースを知っていれば，時刻 t_{i-1} までのニュースの内容もわかっているはずなので，

[*54] 4.3.1 項の脚注 28) 参照．

$$\mathcal{F}_i \supset \mathcal{F}_{i-1}, \quad i = 1, 2, 3, 4, 5$$

が成立する．確率論では $\mathcal{F}$ の部分集合の増大列をフィルトレーションと呼び，$\{\mathcal{F}_i\}_{i=0,\cdots,5}$ はまさにその例である．この例からわかるように，金融工学では $\mathcal{F}_i$ は「時刻 i までにわかるすべての情報」という意味で使われている．

4.1.3 項で「将来の資産価格の挙動は過去の情報の影響を受けず，新たに入ったニュースによってのみ変動する」と述べたが，これは「時刻 i の時点までにわかっている情報 $\mathcal{F}_i$ だけでその時刻の株価 V_i が決まり，次の時刻 $i+1$ で得た情報 r_{i+1} のみによって次の株価 V_{i+1} が決まる」と表現できる．このとき V_i は適合過程と呼ばれ，フィルトレーションの概念を使うと「V_i は $\mathcal{F}_i$ のみに依存して定まる」と簡単に表すことができる．金融工学の専門書などで「資産価格の挙動は適合過程の条件を満たす」と仮定するのはこのような考え方を背景としている．

A.1.3 標準正規分布について

ここでは標準正規分布について基本的な事項を記述しておく．標準正規分布の累積分布関数は

$$N(x) = \frac{1}{\sqrt{2\pi}} \int_{-\infty}^{x} \exp\left(-\frac{t^2}{2}\right) dt \tag{A.1}$$

で与えられる．したがってこの分布密度 $f(x)$ は次式で表される．

$$f(x) = N'(x) = \frac{1}{\sqrt{2\pi}} \exp\left(-\frac{x^2}{2}\right) \tag{A.2}$$

ここで $N'(x)$ は $N(x)$ の微分を表す．

累積分布関数 $N(x)$ は Excel などには組み込まれているが，通常のプログラミング時には次のような多項式近似が使われている．

$$N(x) \approx \begin{cases} 1 - \dfrac{\exp(-x^2/2)}{\sqrt{2\pi}} \sum_{i=1}^{5} \alpha_i k(x)^i, & \text{if } x \geq 0 \\ 1 - N(-x), & \text{if } x < 0 \end{cases} \tag{A.3}$$

ここで，

$$k(x) = \frac{1}{1 + \gamma x}$$

$$\gamma = 0.2316419$$
$$\alpha_1 = 0.319381530$$
$$\alpha_2 = -0.356563782$$
$$\alpha_3 = 1.781477937$$
$$\alpha_4 = -1.821255978$$
$$\alpha_5 = 1.330274429$$

である．

A.2 ブラック–ショールズ公式について

A.2.1 ブラック–ショールズ公式の導出

権利行使価格が K のヨーロピアン・コール・オプションの価格 C は

$$C = E_P[\max(S_T - K, 0)]$$

で与えられる．4.3.1 項での考察から，$\log(S_T/S_0)$ はリスク中立測度 P のもとで，期待値が $rT - \sigma^2 T/2$，分散が $\sigma^2 T$ の正規分布である．X を標準正規分布をもつ確率変数とすると

$$\log \frac{S_T}{S_0} = \sigma\sqrt{T}X + rT - \frac{\sigma^2 T}{2}$$
$$S_T = S_0 \exp\left(\sigma\sqrt{T}X + rT - \frac{\sigma^2 T}{2}\right)$$

と表される．ここで

$$Y = \sigma\sqrt{T}X - \frac{\sigma^2 T}{2}$$

と変換すると

$$e^{-rT}E_P[\max(S_T - K, 0)] = e^{-rT}E_P[\max(S_0\exp(Y + rT) - K, 0)]$$
$$= E_P[\max(S_0 e^Y - Ke^{-rT}, 0)] \quad (\text{A.4})$$

である．Y は平均 $\sigma^2 T/2$，分散が $\sigma^2 T$ の正規分布なので分布密度 $f_Y(y)$ は

A.2 ブラック–ショールズ公式について

と表される：

$$f_Y(y) = \frac{1}{\sigma\sqrt{2\pi T}} \exp\left\{-\frac{(y+\sigma^2 T/2)^2}{2\sigma^2 T}\right\}$$

と表される．したがって (A.4) は

$$\begin{aligned}&e^{-rT} E_P[\max(S_T - K, 0)] \\ &= \frac{1}{\sigma\sqrt{2\pi T}} \int_{-\infty}^{\infty} \max(S_0 e^y - K e^{-rT}, 0) \exp\left\{-\frac{(y+\sigma^2 T/2)^2}{2\sigma^2 T}\right\} dy\end{aligned} \tag{A.5}$$

と表される．直感的なイメージの把握のため，図 A.3 に株価の分布 (積分に使われている測度) と，ペイオフ (被積分関数) の様子を示す．

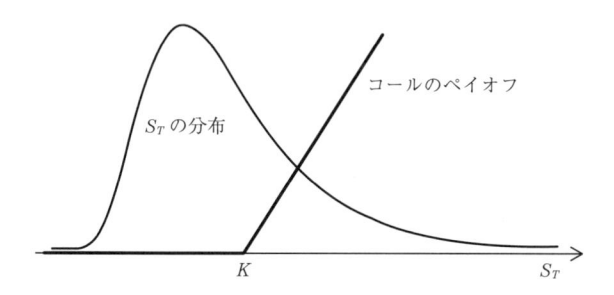

図 **A.3** コール・オプションのペイオフと株価 S_T の分布

次の二つは実数上の同じ集合であることから，

$$\{y : S_0 e^y - K e^{-rT} \geq 0\}, \quad \left\{y : y \geq \log\frac{K}{S_0} - rT\right\}$$

(A.5) の積分を展開するために d を下式で定めると

$$d = \log\frac{K}{S_0} - rT$$

(A.5) は次のように表される．

$$\begin{aligned}C &= \frac{1}{\sigma\sqrt{2\pi T}} \int_d^{\infty} (S_0 e^y - K e^{-rT}) \exp\left\{-\frac{(y+\sigma^2 T/2)^2}{2\sigma^2 T}\right\} dy \\ &= \frac{S_0}{\sigma\sqrt{2\pi T}} \int_d^{\infty} \exp\left\{y - \frac{(y+\sigma^2 T/2)^2}{2\sigma^2 T}\right\} dy\end{aligned}$$

$$-\frac{Ke^{-rT}}{\sigma\sqrt{2\pi T}}\int_d^\infty \exp\left\{-\frac{(y+\sigma^2T/2)^2}{2\sigma^2T}\right\}dy \qquad (A.6)$$

この第 1 項は

$$\frac{S_0}{\sigma\sqrt{2\pi T}}\int_d^\infty \exp\left\{y-\frac{(y+\sigma^2T/2)^2}{2\sigma^2T}\right\}dy$$
$$=\frac{S_0}{\sigma\sqrt{2\pi T}}\int_d^\infty \exp\left\{-\frac{(y-\sigma^2T/2)^2}{2\sigma^2T}\right\}dy \qquad (A.7)$$

と整理される．次に

$$z=\frac{y-\sigma^2T/2}{\sigma\sqrt{T}}$$

と変数変換すると，積分域の下限は

$$-\frac{\log(S_0/K)+rT+\sigma^2T/2}{\sigma\sqrt{T}}$$

になる．

$$d_1=\frac{\log(S_0/K)+rT+\sigma^2T/2}{\sigma\sqrt{T}}$$

とおくと，(A.7) は (A.1) より次のようになる．

$$(A.7)=\frac{S_0}{\sqrt{2\pi}}\int_{-d_1}^\infty \exp\left(-\frac{z^2}{2}\right)dz=\frac{S_0}{\sqrt{2\pi}}\int_{-\infty}^{d_1}\exp\left(-\frac{z^2}{2}\right)dz=S_0N(d_1)$$

また (A.6) の第 2 項は

$$\frac{Ke^{-rT}}{\sigma\sqrt{2\pi T}}\int_d^\infty \exp\left\{-\frac{(y+\sigma^2T/2)^2}{2\sigma^2T}\right\}dy \qquad (A.8)$$

なので

$$z=\frac{y+\sigma^2T/2}{\sigma\sqrt{T}}$$

と変数変換し，

$$d_2=\frac{\log(S_0/K)+rT-\sigma^2T/2}{\sigma\sqrt{T}} \qquad (A.9)$$

とおくと，(A.8) は次のように整理される．

$$(A.8)=\frac{Ke^{-rT}}{\sqrt{2\pi}}\int_{-d_2}^\infty \exp\left(-\frac{z^2}{2}\right)dz=Ke^{-rT}N(d_2)$$

以上よりコール・オプションの価格式は次式で与えられる．

$$C = S_0 N(d_1) - K e^{-rT} N(d_2) \tag{A.10}$$

プットの価格についても同様にして求めることができる．

A.2.2 デルタの導出

デルタ (Δ) は

$$\Delta = \frac{\partial C}{\partial S}$$

で定められるので，コール・オプションの場合は (4.28) より

$$\begin{aligned}\Delta = \frac{\partial C}{\partial S} &= \frac{\partial \{S_0 N(d_1) - K e^{-rT} N(d_2)\}}{\partial S} \\ &= N(d_1) + S_0 N'(d_1) \frac{\partial d_1}{\partial S} - K e^{-rT} N'(d_2) \frac{\partial d_2}{\partial S}\end{aligned}$$

である．前項の結果から $d_1 = d_2 + \sigma\sqrt{T}$ なので，次が成立する．

$$\frac{\partial d_1}{\partial S} = \frac{\partial d_2}{\partial S}$$

したがって

$$\Delta = N(d_1) + \frac{\partial d_1}{\partial S}\{S_0 N'(d_1) - K e^{-rT} N'(d_2)\} \tag{A.11}$$

また，(A.2) より

$$\begin{aligned}S_0 N'(d_1) &= S_0 N'\left(d_2 + \sigma\sqrt{T}\right) \\ &= \frac{S_0}{\sqrt{2\pi}} \exp\left\{-\frac{\left(d_2 + \sigma\sqrt{T}\right)^2}{2}\right\} \\ &= S_0 N'(d_2) \exp\left(-d_2 \sigma\sqrt{T} - \frac{\sigma^2 T}{2}\right)\end{aligned}$$

となる．(A.9) より，

$$S_0 N'(d_1) = S_0 N'(d_2) \exp\left(-\log\frac{S_0}{K} - rT\right) \tag{A.12}$$

ここで
$$\exp\left(-\log\frac{S_0}{K}\right) = K/S_0$$
なので，(A.12) は次のようになる．
$$S_0 N'(d_1) = Ke^{-rT}N'(d_2) \tag{A.13}$$
これを (A.11) に代入すると，右辺の第 2 項がゼロになるので，
$$\Delta = N(d_1) \tag{A.14}$$
を得る．

プットの場合も (4.31) から
$$\Delta = \frac{\partial P}{\partial S} = -N(-d_1) + S_0 N'(-d_1)\frac{\partial d_1}{\partial S} - Ke^{-rT}N'(-d_2)\frac{\partial d_2}{\partial S}$$
$$= -N(-d_1) + \frac{\partial d_1}{\partial S}\{S_0 N'(-d_1) - Ke^{-rT}N'(-d_2)\}$$
を得る．ここで，$N'(x)$ が偶関数であることと (A.13) より，プットのデルタは
$$\Delta = N(d_1) - 1$$
となる．

A.3　インプライド・ボラティリティの算出

ブラック–ショールズ・モデルによるプログラムを作成して実際に計算する場合，パラメータの r, T, S_0, K は既知である．そして σ にインプライド・ボラティリティとして適当な数値を入れればオプション価格が計算できる．このとき価格が市場の価格と合うように適当にボラティリティを増減させて調整してやれば，有効数字 2 桁程度のインプライド・ボラティリティを求めることができる．ブラック–ショールズ・モデルの学習であれば，この程度でも十分である．業務目的にボラティリティを数値計算で算出する場合には，以下で述べるような近似解法がある．

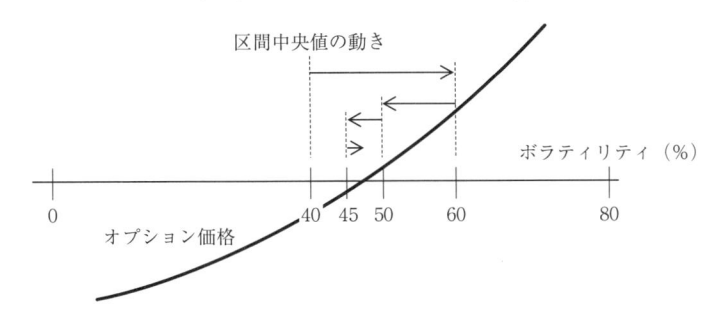

図 **A.4** 2分法の解の収束の様子

A.3.1 2分法とニュートン法

インプライド・ボラティリティの数値計算のために，1変数非線形方程式の最も基本的な数値解法として知られる2分法とニュートン法について説明する．

(1) 2分法

2分法は直感的にわかりやすい方法である (図 A.4)．まず適当に定めた大小二つのボラティリティで挟まれた区間を考える．このときそれぞれのボラティリティから導かれた二つのオプション価格の間に市場のオプション価格が挟まれているようにしておく．次に区間中央値から導いたオプション価格が市場価格より高いか低いかに応じて区間の幅を半減させて，狭めていく方法である．収束は緩慢だが，0～200%の区間から始めても10回繰り返せば $0.2\%\ (\approx 200/2^{10})$ 以下の誤差でボラティリティを得ることができ，15回繰り返せば $0.01\%\ (\approx 200/2^{15})$ の精度が期待できる．計算が発散しないことと，繰り返し回数から精度を把握できる点が2分法の特長である．

(2) ニュートン法

次にニュートン法について説明する．(4.28), (4.31) のオプション価格式をボラティリティ σ の関数とみて，$C(\sigma)$ で表すと，オプションの市場価格が $\bar{C}$ のとき

$$\bar{C} = C(\sigma)$$

を満たす σ がインプライド・ボラティリティである．まず初期値 σ_0 を適当に選び，真の解 σ について

$$\sigma = \sigma_0 + \Delta\sigma \tag{A.15}$$

と仮定する．$C(\sigma)$ を σ_0 で1次近似すると次を得る．

$$\bar{C} = C(\sigma_0) + C'(\sigma_0)\Delta\sigma \qquad (A.16)$$

ここで $C'(\sigma_0) = dC/d\sigma|_{\sigma_0}$ で，これはボラティリティが σ_0 のときのベガに相当している．(A.16) から

$$\Delta\sigma = \frac{\bar{C} - C(\sigma_0)}{C'(\sigma_0)}$$

によって $\Delta\sigma$ を求め，次の近似解を

$$\sigma_1 = \sigma_0 + \Delta\sigma$$

とする．そして (A.15) 以降を繰り返し，n 回目に得られる近似解を σ_n で表す (図 A.5)．

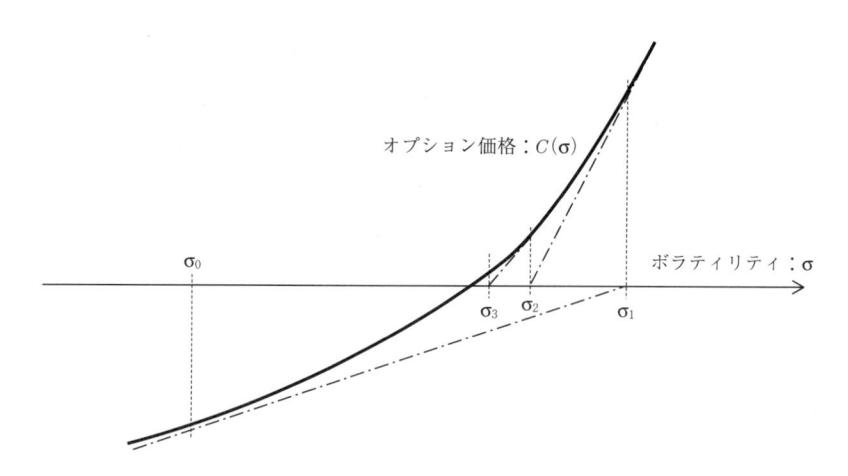

図 A.5 ニュートン法の解の収束の様子

この結果十分大きな自然数 n について

$$\bar{C} \approx C(\sigma_n)$$

となることから，σ_n が近似解となる．

うまく収束する場合は 5, 6 回の繰り返し計算で数桁の精度を得ることができる反面，発散する場合も少なくない．計算を安定にするために

$$\sigma_1 = \sigma_0 + \alpha \Delta\sigma$$

のように緩和パラメータ $\alpha\ (0 < \alpha < 1)$ を使って次の近似解を決める方法もある．このとき α は小さいほど安定性がよいが収束は遅くなる．扱う方程式の性状にもよるが，経験的に $0.5 < \alpha < 0.8$ くらいの範囲が妥当かと考える．

A.3.2 セカント法

キャップ・フロアやスワプションのインプライド・ボラティリティを算出する際，ニュートン法では価格式の微分形を求める準備が複雑になるので，セカント法を用いると便利である．これはニュートン法の差分形である．

キャップ・フロアの価格式 (6.12), (6.14) を一定ボラティリティ σ の関数とみなして，$C(\sigma)$ で表す．キャップ・フロアの市場価格が $\bar{C}$ のとき

$$\bar{C} = C(\sigma)$$

を σ について解くために，初期値 σ_0 を適当に選び，右辺を σ_0 で 1 次近似する．

$$\bar{C} = C(\sigma_0) + C'(\sigma_0)\Delta\sigma_0$$

ニュートン法ではこれから増分

$$\Delta\sigma_0 = \frac{\bar{C} - C(\sigma_0)}{C'(\sigma_0)} \tag{A.17}$$

を求めるが，$C'(\sigma_0) = dC/d\sigma|_{\sigma_0}$ を求めるために別プログラムが必要となる．それで偏微分のかわりに，十分小さな正数 $h > 0$ に対して，

$$C'(\sigma_0) \approx \frac{C(\sigma_0 + h) - C(\sigma_0)}{h} \tag{A.18}$$

の近似で代用する．これを (A.17) に代入すると，増分は

$$\Delta\sigma_0 = \frac{\bar{C} - C(\sigma_0)}{C(\sigma_0 + h) - C(\sigma_0)} h$$

で与えられる．以下同様に

$$\sigma_{i+1} = \sigma_i + \Delta\sigma_i$$

として，$\Delta\sigma_{i+1}$ が十分小さくなるまで

$$\Delta\sigma_{i+1} = \frac{\bar{C} - C(\sigma_{i+1})}{C(\sigma_{i+1} + h) - C(\sigma_{i+1})} h$$

を繰り返し解けばよい．ニュートン法と同様に，計算の安定化には緩和パラメータが有効である．

　この方法は，オプション価格を算出するプログラムさえ用意しておけば実行可能で，差分を求めるための別プログラムが不要という点でも実用性に優れている．もちろんキャップ・フロアに限らず，スワプションや他のオプションについても適用できる方法である．

演習の解答例

1.1 市場の値動きから資金移動の様子が明瞭にわかるケースは実は稀である．むしろ，本文中の2003年8月の例のように資金移動の様子を感じさせる動きのほうが珍しい．また，前日比でみた国債と株価の変動が強い逆相関を示す現象はよくみられるが，そのことが，二つの市場間の資金移動を示していることにはならない．金融機関における株や国債への投資比率は経営政策的な側面をもつため，めまぐるしく投資比率が変更されているとは考えにくいからである．

2.1 割引率は2.1.3項の例より

$$D_1 = 0.975610, \qquad D_2 = 0.951814$$

である．以下のように各キャッシュ・フローの現在価値を求めると，国債価格は100.96円となる．

半年後キャッシュ・フローの現在価値：$6.0/2 \times D_1 = 3.0 \times 0.975610 = 2.927$

1年後キャッシュ・フローの現在価値：$(100.0 + 6.0/2) \times D_2$
$$= (100.0 + 3.0) \times 0.951814 = 98.037$$

合計全キャッシュ・フローの現在価値：$2.93 + 98.03 = 100.96$

3.1 現在1000円のある株式に対して，1ヶ月後の満期日に権利行使価格1000円のプット・オプションを1単位もっているとする．1ヶ月後にその株価が800円になっていれば，オプションの権利（売る権利）によってこの株を1000円で売れる．同時にその株を800円で買えば差額の200円の利益を得る．つまり株

価が $1000-\alpha$ 円 $(\alpha>0)$ なら α 円の利益となる．逆に 1100 円に上がっていれば 1000 円で売るメリットはない．この場合権利を放棄することになり，損益は発生しない．つまり 1000 円以上のときにこのオプションは行使されないので損益ゼロである．したがって満期日でのプット・オプションのペイオフは

$$\max(\text{権利行使価格} - \text{原資産価格}, 0)$$

となる．

3.2 株価の上昇下降ではなく，不安定性 (ボラティリティ) が増すか安定し続けるかを予想する．ボラティリティが上昇するとみる場合は，適当なストライクを設定しプットとコールを同時に買い，その後の値動きをみる．この場合，株価が大きく上下するかボラティリティが上昇すれば二つのオプション価格の和は上昇するはずである．とくに同じ権利行使日と同じストライクのプットとコールを組み合わせたものはストラドルと呼ばれるポジションである．図 A.6 にそのペイオフを示す．

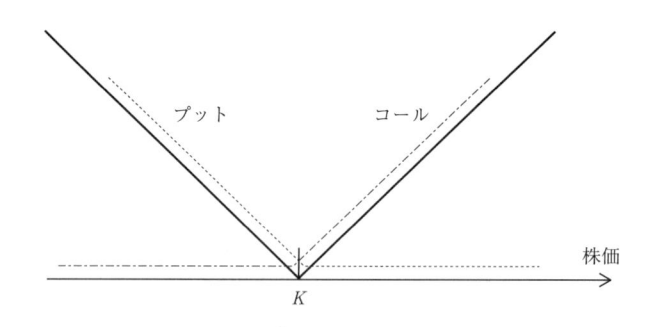

図 **A.6** ストラドル買いのペイオフ曲線 (実線)

一方，相場の安定が続くとみる場合は，本文中の例のようにアウト・オブ・ザ・マネーにストライクを設定したプットとコールを同時に売る．その後株価の変動がなければ二つのオプションは徐々に値下がりする．これを買い戻すことで収益を得る．

4.1 終値ベースで考えるなら，1 年間に得られるデータ数は取引日数に等しい．実務ではこのデータが 1 年間に均等間隔で観測できたものとみなして，$\Delta t = 1/$取引日数 として扱っている．したがってこの場合では，$\Delta t = 1/250$ である．次のようにも表現できる．

$$\sigma = 1 \text{日間隔で観測したデータの標準偏差} \times \sqrt{\text{取引日数}}$$

4.2 観測期間中のドル円の為替レートではボラティリティは 8〜18％程度，収益率分布も正規分布に近い性状を示す．自己相関係数も高々 0.15％であり，過去の挙動との連動性が低いことがわかる．LIBOR については政策金利の変更などによる金利の不連続が起こるので，ヒストリカル・ボラティリティが数値処理上その影響を受けて一定期間高い値をとる現象が顕著に現れている．

4.3 i) の無裁定条件は (4.5) 式で使う．ii) の取引コストについては，二項モデルのヘッジ取引の中でこれを考慮していないので，コスト＝0 を仮定していることになる．また，ヘッジ比率に応じて任意量の株を売買できることでも ii) の条件を使っている．iii) はヘッジのために現物を売買しても，現物株の将来の変動 (上昇・下降率とその確率) が影響されないと仮定しているところで使われている．iv) はヘッジ比率が負のときでも空売り (もしくは売建て) ができることによって，リスク・ヘッジが実現できることに使われている．

4.4 $\Delta S - C < 0$ のケースでは，$t = 0$ のときに現金 $-(\Delta S - C) > 0$ を手元にもっていることになる．これを金利 r で時刻 T まで運用すると $(C - \Delta S)e^{rT}$ に増えている．ヘッジ・ポートフォリオの価値は株価の上昇下降によらず，

$$\Delta S d - C_d = \Delta S u - C_u$$

となっていて，これは $(\Delta S - C)e^{rT}$ に等しい．現金の運用とヘッジ・ポートフォリオの価値は満期のときに等しいので，相殺して手持ち資金はゼロになる．したがってこのケースでもオプション・プレミアムがヘッジ・コストに等しいことになる．

4.5 本文と同じ条件のもとでは

$$u = 1.1, \quad d = 0.9$$
$$Su = 10725, \quad Sd = 8775$$
$$e^{rT} = 1.0001333, \quad p = 0.500667$$

までの計算は同じである．ストライクが9000円のプットを考えると，

$$C_u = 0, \quad C_d = 9000 - 8775 = 225.$$

(4.6) よりプレミアムは112.3円で，Δ は -0.115 となる．

4.6 ここでは [6] に従って計算のあらすじを示しておく．(4.21) 式で $n \to \infty$ のとき，分子分母がそれぞれゼロになる．計算を簡単にするため $t = 1/\sqrt{n}$ と変換し，分子分母をそれぞれ t で微分すると，$t \to 0$ のときにロピタルの定理から (4.24) を得る．

次に (4.19)，(4.20)，(4.21) から

$$E_P\left[\log \frac{S_T^{(n)}}{S_0}\right] = n\{p^{(n)} \log u + (1 - p^{(n)}) \log d\}$$
$$= \mu T + \frac{\sigma \sqrt{nT}(p^{(n)} - q)}{\sqrt{q(1-q)}}$$

である．ここで $\sqrt{n}(p^{(n)} - q)$ は $n \to \infty$ のとき不定となる．これに (4.21) を代入する．分子分母をそれぞれ2回微分してロピタルの定理を使うと，

$$\lim_{n \to \infty} \sqrt{n}(p^{(n)} - q) = \frac{\sqrt{q(1-q)}}{\sigma \sqrt{T}}\left\{(r - \mu)T - \frac{\sigma^2 T}{2}\right\}$$

を得る．この場合も $t = 1/\sqrt{n}$ と変換すると若干計算がしやすい．これを上の式に代入すると (4.26) を得る．

4.7 ヒストリカル・ボラティリティはデータの間隔や算出する期間によっても異なる．市場データが使えない場合は，日本経済新聞などには株価指数オプ

ションや債券先物オプションの欄にヒストリカル・ボラティリティやインプライド・ボラティリティがそれぞれ HV, IV として掲載されているのでこれを利用してもよい．通常は，ヒストリカル・ボラティリティを使ってオプション価格を計算しても市場価格と合わないほうが普通である．またスマイル効果があるので，新聞のインプライド・ボラティリティを使ってもストライクによっては市場価格と一致しない現象が確かめられるはずである．

4.8 およそ以下の手順となろう．売るオプションがコールかプットかを決める．オプションの限月を 1〜3ヶ月後の中から決め，ストライクを設定する．前日の終値を使うなら，新聞などから日経平均と，想定した日経平均オプションの価格を知ることができる．次にオプション満期までの金利を TIBOR などから求める．オプション満期までの日数 n から $T = n/365$ とする．ブラック−ショールズ・モデルを使って設定したオプションの市場価格に合うようなインプライド・ボラティリティを逆算し，そのボラティリティを使って Δ を算出する．仮に $\Delta = 0.35$ なら，オプション 100 単位の売りに対して先物を 35 単位買えばよい．もし Δ が負の場合は先物を買う．その後のオプションと先物の価格を記録し，オプションだけを売っていた場合と，ヘッジしていた場合のポートフォリオの価値の差を比較すれば，ヘッジの効果が認められるであろう．

5.1 条件より 6ヶ月 LIBOR が 0.82%，1 年スワップ金利が 0.90% になったとする．半年の金利は 365 日ベースで 0.8314% である．

$$Sw_1 = 0.008314, \quad Sw_2 = 0.009$$

より (5.6) 式を解くと，割引率は

$$D_1 = 0.9958603, \quad D_2 = 0.9910589$$

である．現在価値は (5.7) から

$$\text{現在価値} = 0.008 \times 0.5 \times (0.9958603 + 0.9910589) - 1 + 0.9910589$$
$$= -0.0009934$$

を得る．したがって
$$10\text{bpV} = -0.0009934$$
である．

5.2 金利が 0.1% で一定のとき，フォワード・レートも 0.1% で一定である．これより半年ごとの割引率を求め，本文中の例題のようにすべてのキャッシュ・フローの現在価値を求め合計すると 114.46 円になる．0.9% の金利低下で 5 円弱値上がりすることが把握できる．

6.1 本文の計算例と同じ条件で，例えば，ボラティリティを 60% にすると，キャップレットとフロアレットの価格はそれぞれ 4.98bp, 11.42bp に低下することがわかる．

また $T = 0.25$ とすると，キャップレットとフロアレットはそれぞれ 4.57bp, 11.00bp に低下する．これは時間が 3 ヶ月 ($T = 0.25$) 経過することでオプション価格がこの価格にまで低下することを表している．

6.2 $\delta = 0.25$ とおくと，T 年先スタート，期間 n 年のスワプションなら $n/\delta = 4n$ 回のキャッシュ・フローが起こる．(6.22) と (6.23) の $2n$ を $4n$ に置き換えるとペイヤーズとレシーバーズ・スワプションの価格はそれぞれ次の式で得られる．

$$P = \delta\{FN(d_1) - KN(d_2)\} \sum_{i=1}^{4n} D_i$$
$$R = \delta\{-FN(-d_1) + KN(-d_2)\} \sum_{i=1}^{4n} D_i$$

ここで参照するスワップ金利は 3 ヶ月払いであり，変動金利は 3 ヶ月 LIBOR である．したがって割引率 D_i とフォワード LIBOR は 3 ヶ月間隔で算出しておくことが必要である．

6.3 2 年後の 3 年スワップ金利が 3% になった場合，売ったスワプションは買い手に権利行使されるので，固定受けスワップを取引すると，3 年間 2% 固定払

いとなり，この取引で金利 2%分の支払い損になる．発行済みの社債を全額償還して，A 社は 3.5% (= 3.0 + 0.5) の利率で社債を発行できる．したがって固定払いの 2%とあわせても 5.5%の金利負担であり，市場金利が 4%のときと同じ結果となる．

5%になった場合売ったスワプションは権利行使されないが，コールの権利は行使できる．そこで発行済みの社債を全額償還して，A 社は 5.5% (= 5.0 + 0.5) の利率で社債を発行でき，このケースでも，市場金利が 4%のときと同じ結果となる．

6.4 ベガ・ヘッジのためになんらかのオプションを売買すると，そのリバランスによってポートフォリオ全体のデルタやガンマが変化してしまう．したがって最後にベガ・ヘッジをするようなことはしない．ベガ・ヘッジの後であれば，スワップでデルタ・ヘッジをしてもスワップはベガ＝0なので，ニュートラルになったベガに影響を与えずデルタだけを調整できる．したがってオプション性の強いリスクからヘッジしていき，最後にデルタ・ニュートラルにする手順が踏まれるのである．

文　　献

確率論

[1] 稲垣宣生：数理統計学 (数学シリーズ)，裳華房 (1990).
[2] 小和田正：確率過程とその応用，実教出版 (1983).
[3] 楠岡成雄：確率と確率過程 (岩波講座応用数学)，岩波書店 (1993).
[4] Y. G. シナイ著・森　真訳：確率論入門コース，シュプリンガー・フェアラーク東京 (1995).
[5] 西尾真喜子：確率論，実教出版 (1978).
[6] 森村英典・木島正明：ファイナンスのための確率過程，日科技連出版社 (1991).
[7] I. Karatzas and S. E. Shreve: *Methods of Mathematical Finance*, Springer-Verlag (1998).

金融工学全般

[8] 石村貞夫他：金融・証券のためのブラック・ショールズ微分方程式，東京図書 (1999).
[9] 小田信之：金融デリバティブズ (ファイナンス・ライブラリー 1)，朝倉書店 (2001).
[10] 木島正明：ファイナンス工学入門　第 II 部　派生商品の価格付け理論，日科技連出版社 (1994).
[11] D. ダフィー著・山崎　昭他訳：資産価格の理論，創文社 (1998).
[12] J. ハル著・東京三菱銀行金融商品開発部訳：フィナンシャルエンジニアリング，金融財政事情研究会 (2001).

金利期間構造モデル関連

[13] 木島正明：期間構造モデルと金利デリバティブ (シリーズ〈現代金融工学〉3)，朝倉書店 (1999).
[14] 中里大輔：プロフェッショナル金融解析，金融財政事情研究会 (2002).
[15] M. バクスター・A. レニー著・藤田岳彦他訳：デリバティブ価格理論入門—金融工学への確率解析，シグマベイスキャピタル (2001).
[16] D. ブローディ：現代ファイナンス数理，日本評論社 (2000).
[17] D. Deventer and K. Imai: *Financial Risk Analytics: A Term Structure Model Approach for Banking*, Insurance and Investment Management, Irwin (1996).
[18] P. Hunt and J. Kennedy: *Financial Derivatives in Theory and Practice*, John Wiley & Sons (2000).

[19] M. Musiela and M. Rutkowski: *Martingale Methods in Financial Modelling*, Springer-Verlag (1997).

実務書

[20] 田尾啓一:デリバティブと金融技術革新,中央経済社 (2001).
[21] 高橋 誠:デリバティブ入門(ビジネスゼミナール),日本経済新聞社 (1996).
[22] 成澤和己監修:デリバティブ便覧,銀行研修社 (1995).
[23] 日本長期信用銀行編:スワップ取引のすべて,金融財政事情研究会 (1992).
[24] 野村総合研究所編:新債券運用と投資戦略,金融財政事情研究会 (1991).
[25] 牟田誠一朗:金利オプション,近代セールス社 (1994).
[26] N. Anderson, *et al.*: *Estimating and Interpreting the Yield Curve*, John Wiley & Sons (1996).

論文・資料

[27] 重見庸典他:本邦国債市場における市場参加者行動と価格決定メカニズム—1998年末から1999年中の市場の動きを理解するために—,金融研究 19, 別冊第 2 号 (2000) 145–184.
[28] 日本銀行:「デリバティブ取引に関する定例市場報告(吉国委統計)」第 9 回 (2003 年 12 月末) 調査結果の概要,日本銀行 HP.
[29] 森本祐司・吉羽要直:BGM 金利モデルの実用化に向けて,日本銀行金融研究所ディスカッション・ペーパー・シリーズ 99-J-39 (1999).
[30] 安岡孝司:LIBOR マーケットモデルとその実用化について,富士総研フィナンシャルエンジニアリングレポート (2000).
[31] バーゼル銀行監督委員会:オペレーショナル・リスクに関するワーキング・ペーパー (2001.9).
[32] L. Andersen and J. Andreasen: Volatility Skews and Extensions of the Libor Market Model, *Applied Math. Finance* **7** (2000) 1–32.
[33] F. Black and M. Scholes: The Pricing of Options and Corporate Liabilities, *J. Political Economy* **81** (1973) 637–654.
[34] P. Balland and L. Hughston: Markov Market Model Consistent with Cap Smile, *Int. J. Theoretical and Applied Finance* **3**, (2) (2000) 161–181.
[35] F. Black: The pricing of Commodity Contracts, *J. Financial Economics* **3** (1976) 167–179.
[36] A. Brace, D. Gatarek and M. Musiela: The Market Model of Interest Rate Dynamics, *Math. Finance* **7** (1997) 127–155.
[37] J. C. Cox, J. E. Ingersoll and S. A. Ross: A Theory of the Term Structure of Interest Rates, *Econometrica* **53** (1985) 385–408.
[38] J. C. Cox, S. A. Ross and M. Rubinstein: Option Pricing: A Simplified Approach, *J. Financial Economics* **7** (1979) 229–268.
[39] D. Heath, R. Jarrow, and A. Morton: Bond Pricing and the Term Structure of Interest Rates: A New Methodology for Contingent Claims Valuation, *Econometrica*

60 (1992) 77–105.
- [40] T. Ho and S. Lee: Term Structure Movements and Pricing Interest Rate Contingent Claims, *J. Finance* **41** (1986) 1011–1029.
- [41] J. Hull and A. White: Pricing Interest-Rate-Derivative Securities, *Review of Financial Studies* **3** (4) (1990) 573–592.
- [42] F. Jamshidian: LIBOR and Swap Market Models and Measures, *Finance and Stochastics* **1** (1997) 293–330.
- [43] K. Matsumoto: Lognormal Swap Approximation in the LIBOR Market Model and its Application, *J. Computational Finance* **5** (2001) 107–131.
- [44] K. Miltersen, K. Sandmann and D. Sondermann: Closed Form Solutions for Term Structure Derivatives with Log-Normal Interest Rates, *J. Finance* **52** (1997) 409–430.
- [45] M. Musiela and M. Rutkowski: Continuous-time Term Structure Models: Forward Measure Approach, *Finance and Stochastics* **1** (1997) 261–291.
- [46] M. Rutkowski: Models of Forward LIBOR and Swap Rates, *Applied Math. Finance* **6** (1999) 29–60.
- [47] O. Vasicek: An Equilibrium Characterization of the Term Structure, *J. Financial Economics* **5** (1977) 177–188.
- [48] T. Yasuoka: Mathematical Properties of the Forward Interest Rates Implied from the Swap Rates and Forward Curve Building, 5th NFA/APFA, Tokyo (1998).
- [49] T. Yasuoka: Mathematical Pseudo-completion of the BGM Model, *Int. J. Theoretical and Applied Finance* **4** (3) (2001) 375–401.

関連サイト

- [50] 大阪証券取引所：http://www.ose.or.jp/index.html, 日経平均先物, 日経平均オプション．
- [51] 財務省：http://www.mof.go.jp/index.htm, 国債に関する各種資料．
- [52] 全国銀行協会：http://www.zenginkyo.or.jp/, TIBOR．
- [53] 東京金融先物取引所 (TFX)：http://www.tfx.co.jp, 短期金利先物, 短期金利先物オプション, ドル・円通貨先物, 円金利スワップ先物．
- [54] 東京証券取引所：http://www.tse.or.jp/index.shtml, 国債先物, 国債先物オプション, TOPIX 先物, TOPIX オプション．
- [55] International Swaps and Derivatives Association (ISDA)：http://www.isda.org/, スワップ金利．

索　引

ATM (at the money)　29

bp (basis point)　9
bpV (basis point value)　95
Brace–Gatarek–Musiela (BGM)　131

CBOT (Chicago Board of Trade)　22
CD (certificate of deposit)　8
CD 市場　8
CME (Chicago Mercantile Exchange)　22
Cox–Ingersoll–Ross (CIR)　131

EDSP (exchange delivery settlement price)　98

FRA (forward rate agreement)　113

Heath–Jarrow–Morton (HJM)　131
Ilo–Lee　131
Hull–White　131
HV (historical volatility)　75

ISDA (International Swaps and Derivatives Association, Inc.)　99
ITM (in the money)　29
IV (implied volatility)　76

Jamshidian　131

LIBOR (London Interbank Offered Rate)　8

Miltersen–Sandmann–Sondermann　131
Musiela–Rutkowski　131

n 期間二項モデル　58

OTM (out of the money)　29

PV (present value)　11

SQ (special quatation)　17

T-Bills　14
T-Bonds　14
T-Bonds 先物　22
TFX (Tokyo Inernational Financial Futures Exchange Inc.)　18
TIBOR (Tokyo Interbank Offered Rate)　9
TIPS (treasury inflation-protected security)　14
T-Notes　14
TOPIX (Tokyo stock price index)　16

Vasicek　131

ア　行

アウト・オブ・ザ・マネー　29
アジアン・オプション　32
アト・ザ・マネー　29, 120
アベレージ・オプション　32

索　引

アベレージ・ストライク・オプション　32
アベレージ・プライス・オプション　32
アメリカン・オプション　31

委託証拠金　16
一期間二項モデル　51
イールド・カーブ　9, 89
インサイダー取引　41
イン・ザ・マネー　29
インプライド・ボラティリティ　76, 111, 119, 142

受渡適格銘柄　21
売り手希望価格　40

エキゾチック・オプション　31, 129
円3ヶ月金利先物　18

オファー　86
オファー・ビッド・スプレッド　40, 86
オファー・レート　40
オプション　7, 28
オペレーショナル・リスク　4, 6, 95

カ　行

買い手希望価格　40
ガウス消去法　93
カウンター・パーティ・リスク　99
確率空間　135
確率測度　51, 135
確率微分方程式　68
確率変数　51, 134
株価変動リスク　5
為替予約　22
為替予約レート　22
為替リスク　4
ガンマ　70, 113, 119
ガンマ・ベガ・ショート　78

期限前償還権条項　121
期待収益率　68

期待値　53, 62
逆イールド　9, 89
キャップ・フロア・パリティ　110
キャップレット　108
金融派生商品　7
金融リスク　4
金利期間構造モデル　22, 124, 129
金利キャップ　104
金利更改日　104
金利上限付変動ローン　105
金利スワップ先物　98
金利の期間構造　9
金利フロア　104
金利リスク　4

クーポン・レート　13
繰り上げ償還権条項　121
グリークス　73

現在価値　11
原資産　16, 28
権利行使価格　28
権利行使日　28

後退代入　93
国債—スワップ・スプレッド　89
国際スワップ・デリバティブズ協会　99
コックス—ロス—ルービンシュタイン (CRR)　65
固定金利　85
個別株オプション　33
コーラブル債　121
コール・オプション　28
コール市場　8
コール条項付きの社債　121
コンバージョン・ファクター　21

サ　行

災害リスク　7
債券価格過程　130
債券先物　20

債券先物オプション　35
最終決済価格　98
最終精算指数　17
裁定機会　8
裁定取引　20
財務省証券　13
債務不履行　5
債務不履行リスク　16
先物　7, 15
　——のオプション価格　101
先渡価格　22
先渡為替　24
先渡金利　42, 86
先渡契約　22
サンプルパス　133

シカゴ商品取引所　22
シカゴ・マーカンタイル取引所　22
直先スプレッド　26
直物価格　22
直物為替　24
直物レート　23
資金移動　1
市場消滅リスク　6
市場リスク　4
順イールド　9, 89
瞬間的フォワード・レート　130
譲渡性預金　8
ショート・ストラングル　36
信用リスク　4, 5, 10, 95

ストライク　28
ストラテジー　36
ストラドル　148
スポット・レート　130
スポット・レート・モデル　130
スワップ　7
スワップ金利　10, 86
　——の期間構造　89
スワプション　113

正規分布　62, 64, 136

正規分布型モデル　131
セカント法　145
セータ　72, 113, 119
セータ・ロング　78
前進消去　93

想定元本　85, 104, 114

タ　行

対数正規分布　64
対数正規分布型モデル　131
大数の法則　30
ダイナミック・ヘッジ　60
短期金利　8
短期金利先物オプション　35
短期国債　13
単利金利　12

中期国債　13
中期国債先物　20
中心極限定理　62, 63, 136
長期金利　8
長期国債　13
長期国債先物　20
超長期国債　13
超長期国債先物　20

通貨オプション　35

適合過程　137
デリバティブ　7
デルタ　69, 113, 119
デルタ・ニュートラル　71, 81, 128
デルタ・ヘッジ　69, 80, 119, 128

東京金融先物取引所　18, 98
東京証券取引所　16
東証株価指数オプション　33
東証株価指数先物　16
取引コスト　40

ナ 行

二項格子 51
日経平均株価指数 16
日経平均株価指数オプション 33
日経平均株価指数先物 16
2分法 143
ニュートン法 143

ネット 127

ノックアウト 31
ノックアウト・オプション 31
ノックアウト・ポイント 32
ノックイン 31

ハ 行

バスケット・オプション 32
バーゼル銀行監督委員会 6
バミューダン・オプション 31
バミューダン・スワプション 114
バリアー 31
バリアー・オプション 31

ヒストリカル・ボラティリティ 75
ビッド 86
ビッド・レート 40
標準正規分布 64, 70, 137, 138
標準物国債 21
表面利率 13

フィルトレーション 136
フォワード LIBOR 93
フォワード為替 24
フォワード・スワップ 22, 96
フォワード・スワップ金利 116
フォワード・レート 42, 86, 90, 109
フォワード・レート・モデル 130
複利金利 12
普通社債 121

プット・オプション 28
プット・コール・パリティ 67
ブラウン運動 136
ブラック–ショールズの公式 65
ブラック–ショールズ・モデル 68
ブラック・モデル 103
プレミアム 104, 114
プレーン・バニラ・オプション 31
フロアレット 108
ブローカー 86
分散 62
分布密度 137

ペイヤーズ・スワプション 113
ベーシス・ポイント 9
ベーシス・ポイント・バリュー 95, 126
ベガ 72, 113, 119
ベガ・ニュートラル 128
ベガ・ヘッジ 128
ヘッジ 7
ヘッジ誤差 83
ヘッジ・コスト 30, 54
ヘッジ・ツール誤差 83
ヘッジファンド 2
変換係数 21
変動金利 85

法務リスク 6
ボラティリティ 47, 58, 65, 109
ボラティリティ・スキュー 77, 111
ボラティリティ・スマイル 77

マ 行

枚 17
マーケット・モデル 131
満期 14, 121
満期日 28

ミッド 111
密度関数 70

無裁定 8
無裁定条件 39
無リスク金利 10, 65

モデル誤差 83

ヤ 行

呼値 16
ヨーロピアン・オプション 31, 51
ヨーロピアン・スワプション 114

ラ 行

ランダム・ウォーク 132

リスク事象 3
リスク中立確率 53
リスク中立測度 53, 59, 63, 138
リスク中立評価法 53

リスク・ヘッジ 30
流動性リスク 4, 5

累積分布関数 64, 137
ルックバック・オプション 32

レシーバーズ・スワプション 113
レピュテーショナル・リスク 6
レファレンス・バンク 8
連続時間モデル 68
連続複利 12

ロー 73, 113, 119
ロンドン金融先物取引所 98

ワ 行

割引債 129
割引率 11

著者略歴

安 岡 孝 司（やすおか たかし）

1953 年　北海道に生まれる
1995 年　九州大学大学院数理学研究科博士後期課程修了
現　在　みずほ情報総研(株)フィナンシャル
　　　　エンジニアリングセンター所長
　　　　博士（数理学）

ファイナンス・ライブラリー 8
市場リスクとデリバティブ　　　　　　定価はカバーに表示

2005 年 6 月 25 日　初版第 1 刷
2005 年 9 月 30 日　　　第 2 刷

　　　　　　　　　　著　者　安　岡　孝　司
　　　　　　　　　　発行者　朝　倉　邦　造
　　　　　　　　　　発行所　株式
　　　　　　　　　　　　　　会社　朝　倉　書　店
　　　　　　　　　　　　　東京都新宿区新小川町 6-29
　　　　　　　　　　　　　郵便番号　162-8707
　　　　　　　　　　　　　電　話　03(3260)0141
　　　　　　　　　　　　　Ｆ Ａ Ｘ　03(3260)0180
〈検印省略〉　　　　　　　　http:// www.asakura.co.jp

　　© 2005 〈無断複写・転載を禁ず〉　　　中央印刷・渡辺製本

ISBN 4-254-29538-3　　C 3350　　　　　Printed in Japan

R.A.ジャロウ・V.マクシモビッチ・ W.T.ジエンバ編 中大今野　浩・岩手県立大古川浩一監訳 **ファイナンスハンドブック** 12124-5 C3041　　　　A 5 判 1152頁 本体29000円	〔内容〕ポートフォリオ／証券市場／資本成長理論／裁定取引／資産評価／先物価格／金利オプション／金利債券価格設定／株式指数裁定取引／担保証券／マイクロストラクチャ／財務意思決定／ヴォラティリティ／資産・負債配分／市場暴落／普通株収益／賭け市場／パフォーマンス評価／市場調査／実物オプション／最適契約／投資資金調達／財務構造と税制／配当政策／合併と買収／製品市場競争／企業財務論／新規株式公開／株式配当／金融仲介業務／米国貯蓄貸付組合危機
G.S.マタラ・C.R.ラオ編 慶大小暮厚之・慶大森平爽一郎監訳 **ファイナンス統計学ハンドブック** 29002-0 C3050　　　　A 5 判 740頁 本体26000円	ファイナンスに用いられる統計的・確率的手法を国際的に著名な研究者らが解説した，研究者・実務者にとって最高のリファレンスブック。〔内容〕アセットプライシング／金利の期間構造／ボラティリティ／予測／選択可能な確率モデル／特別な統計手法の応用（ブートストラップ，主成分と因子分析，変量誤差問題，人工ニューラルネットワーク，制限従属変数モデル）／種々の他の問題（オプション価格モデルの検定，ペソ問題，市場マイクロストラクチャー，ポートフォリオ収益率）
S.N.ネフツィ著　投資工学研究会訳 **ファイナンスへの数学**（第2版） ――金融デリバティブの基礎―― 29001-2 C3050　　　　A 5 判 528頁 本体7800円	世界中でベストセラーになった"An Introduction to the Mathematics of Financial Derivatives"原著第2版の翻訳。デリバティブ評価で用いられる数学を直感的に理解できるように解説。新たに金利デリバティブ，そして章末演習問題を追加
J.D.フィナーティ著　法大浦谷　規訳 **プロジェクト・ファイナンス** ――ベンチャーのための金融工学―― 29003-9 C3050　　　　A 5 判 296頁 本体5200円	効率的なプロジェクト資金調達方法を明示する。〔内容〕理論／成立条件／契約担保／商法上の組織／資金調達／割引のキャッシュフロー分析／モデルと評価／資金源／ホスト政府の役割／ケーススタディ（ユーロディズニー，ユーロトンネル等）
J.スタンプフリ・V.グッドマン著 米村　浩・神山直樹・桑原善太郎訳 **ファイナンス数学入門** ――モデリングとヘッジング―― 29004-7 C3050　　　　A 5 判 304頁 本体5200円	実際の市場データを織り交ぜ現実感を伝えながら解説。〔内容〕金融市場／2項ツリー，ポートフォリオの複製，裁定取引／ツリーモデル／連続モデルとブラック-ショールズ公式，解析的アプローチ／ヘッジング／債券モデルと金利オプション／他
中大小林道正著 ファイナンス数学基礎講座1 **ファイナンス数学の基礎** 29521-9 C3350　　　　A 5 判 176頁 本体2900円	ファイナンスの実際問題から題材を選び，難しそうに見える概念を図やグラフを多用し，初心者にわかるように解説。〔内容〕金利と将来価値／複数のキャッシュフローの将来価値・現在価値／複利計算の応用／収益率の数学／株価指標の数学
中大小林道正著 ファイナンス数学基礎講座5 **デリバティブと確率** ――2項モデルからブラック・ショールズへ―― 29525-1 C3350　　　　A 5 判 168頁 本体2900円	オプションの概念と数理を理解するのによい教材である2項モデルを使い，その数学的なしくみを平易に解説。〔内容〕1期間モデルによるオプションの価格／多期間2項モデル／多期間2項モデルからブラック・ショールズ式へ／数学のまとめ
中大小林道正著 ファイナンス数学基礎講座6 **ブラック・ショールズと確率微分方程式** 29526-X C3350　　　　A 5 判 192頁 本体2900円	株価のように一見でたらめな振る舞いをする現象の動きを捉え，価値を測る確率微分方程式を解説〔内容〕株価の変動とブラウン運動／ランダム・ウォーク／確率積分／伊藤の公式／確率微分方程式／オプションとブラック・ショールズモデル／他

名市大 宮原孝夫著
シリーズ〈金融工学の基礎〉1
株価モデルとレヴィ過程
29551-0 C3350　　A 5 判 128頁 本体2400円

非完備市場の典型的モデルとしての幾何レヴィ過程とオプション価格モデルの解説および活用法を詳述。〔内容〕基礎理論／レヴィ過程／レヴィ過程に基づいたモデル／株価過程の推定／オプション価格理論／GLP&MEMMオプション価格モデル

阪大 田畑吉雄著
シリーズ〈金融工学の基礎〉2
リスク測度とポートフォリオ管理
29552-9 C3350　　A 5 判 216頁 本体3800円

金融資産の投資に伴う数々のリスクを詳述〔内容〕金融リスクとリスク管理／不確実性での意思決定／様々なリスクと金融投資／VaRとリスク測度／デリバティブとリスク管理／デリバティブの価格評価／信用リスク／不完備市場とリスクヘッジ

南山大 伏見正則著
シリーズ〈金融工学の基礎〉3
確　率　と　確　率　過　程
29553-7 C3350　　A 5 判 152頁 本体2800円

身近な例題を多用しながら，確率論を用いて統計現象を解明することを目的とし，厳密性より直観的理解を求める理工系学生向け教科書〔内容〕確率空間／確率変数／確率変数の特性値／母関数と特性関数／ポアソン過程／再生過程／マルコフ連鎖

早大 谷口正信著
シリーズ〈金融工学の基礎〉4
数理統計・時系列・金融工学
29554-5 C3350　　A 5 判 224頁 本体3600円

独立標本の数理統計学から説き起こし，それに基づいた時系列の最適推測論，検定および判別解析を解説し，金融工学への橋渡しを詳述したテキスト〔内容〕確率の基礎／統計的推測／種々の統計手法／確率過程／時系列解析／統計的金融工学入門

京大 木島正明・京大 岩城秀樹著
シリーズ〈現代金融工学〉1
経済と金融工学の基礎数学
27501-3 C3350　　A 5 判 224頁 本体3500円

解法のポイントや定理の内容を確認するための例を随所に配した好著。〔内容〕集合と論理／写像と関数／ベクトル／行列／逆行列と行列式／固有値と固有ベクトル／数列と級数／関数と極限／微分法／偏微分と全微分／積分法／確率／最適化問題

京大 木島正明著
シリーズ〈現代金融工学〉3
期間構造モデルと金利デリバティブ
27503-X C3350　　A 5 判 192頁 本体3600円

実務で使える内容を心掛け，数学的厳密さと共に全体を通して概念をわかりやすく解説。〔内容〕準備／デリバティブの価格付け理論／スポットレートのモデル化／割引債価格／債券オプション／先物と先物オプション／金利スワップとキャップ

首都大 渡部敏明著
シリーズ〈現代金融工学〉4
ボラティリティ変動モデル
27504-8 C3350　　A 5 判 160頁 本体3600円

金融実務において最重要な概念であるボラティリティの役割と，市場データから実際にボラティリティを推定・予測する方法に焦点を当て，実務家向けに解説〔内容〕時系列分析の基礎／ARCH型モデル／確率的ボラティリティ変動モデル

ニッセイ基礎研 湯前祥二・北大 鈴木輝好著
シリーズ〈現代金融工学〉6
モンテカルロ法の金融工学への応用
27506-4 C3350　　A 5 判 208頁 本体3600円

金融資産の評価やヘッジ比率の解析，乱数精度の応用手法を詳解〔内容〕序論／極限定理／一様分布と一様乱数／一般の分布に従う乱数／分散減少法／リスクパラメータの算出／アメリカン・オプションの評価／準モンテカルロ法／Javaでの実装

統数研 山下智志著
シリーズ〈現代金融工学〉7
市場リスクの計量化とVaR
27507-2 C3350　　A 5 判 176頁 本体3600円

市場データから計測するVaRの実際を詳述。〔内容〕リスク計測の背景／リスク計測の意味とVaRの定義／リスク計測モデルの意味／リスク計測モデルのテクニック／金利リスクとオプションリスクの計量化／モデルの評価の規準と方法

京大 木島正明・みずほ第一フィナンシャル 小守林克哉著
シリーズ〈現代金融工学〉8
信用リスク評価の数理モデル
27508-0 C3350　　A 5 判 168頁 本体3600円

デフォルト（倒産）発生のモデルや統計分析の手法を解説した信用リスク分析の入門書。〔内容〕デフォルトと信用リスク／デフォルト発生のモデル化／判別分析／一般線形モデル／確率選択モデル／ハザードモデル／市場性資産の信用リスク評価

中大 今野　浩・明大 刈屋武昭・京大 木島正明編

金融工学事典

29005-5　C3550　　　　A5判　848頁　本体22000円

中項目主義の事典として、金融工学を一つの体系の下に纏めることを目的とし、金融工学および必要となる数学、統計学、OR、金融・財務などの各分野の重要な述語に明確な定義を与えるとともに、概念を平易に解説し、指針書も目指したもの〔主な収載項目〕伊藤積分／ALM／確率微分方程式／GARCH／為替／金利モデル／最適制御理論／CAPM／スワップ／倒産確率／年金／判別分析／不動産金融工学／保険／マーケット構造モデル／マルチンゲール／乱数／リアルオプション他

◆ ファイナンス・ライブラリー ◆
実務者の抱える様々な問題と関心・欲求に応えるシリーズ

日銀金融研 小田信之著
ファイナンス・ライブラリー1

金融デリバティブズ

29531-6　C3350　　　　A5判　184頁　本体3600円

抽象的な方法論だけでなく、具体的なデリバティブズの商品例や応用計算例等も盛り込んで解説した"理論と実務を橋渡する"書。〔内容〕プライシングとリスク・ヘッジ／イールドカーブ・モデル／信用リスクのある金融商品のプライシング

日銀金融研 小田信之著
ファイナンス・ライブラリー2

金融リスクの計量分析

29532-4　C3350　　　　A5判　192頁　本体3600円

金融取引に付随するリスクを計量的に評価・分析するために習得すべき知識について、"理論と実務のバランスをとって"体系的に整理して解説。〔内容〕マーケット・リスク／信用リスク／デリバティブズ価格に基づく市場分析とリスク管理

日銀金融研 家田　明著
ファイナンス・ライブラリー3

リスク計量とプライシング

29533-2　C3350　　　　A5判　180頁　本体3300円

〔内容〕政策保有株式のリスク管理／与信ポートフォリオの信用リスクおよび銀行勘定の金利リスクの把握手法／オプション商品の非線型リスクの計量化／モンテカルロ法によるオプション商品のプライシング／有限差分法を用いた数値計算手法

慶大 小暮厚之・東北大 照井伸彦著
ファイナンス・ライブラリー4

計量ファイナンス分析の基礎

29534-0　C3350　　　　A5判　264頁　本体3800円

ファイナンスで用いられる確率・統計について、その数理的理解に配慮して解説。〔内容〕金融資産の価値と収益率／リスク／統計的推測／ポートフォリオ分析／資産価格評価モデル／派生資産の評価／回帰分析／時系列分析／データ／微分・積分

神戸大 加藤英明著
ファイナンス・ライブラリー5

行動ファイナンス
—理論と実証—

29535-9　C3350　　　　A5判　208頁　本体3400円

2002年ノーベル経済学賞のカーネマン教授の業績をはじめ最新の知見を盛込んで解説された行動ファイナンスの入門書。〔内容〕市場の効率性／アノマリー／心理学からのアプローチ／ファイナンスへの適用／日本市場の実証分析／人工市場／他

慶大 森平爽一郎監修
ファイナンス・ライブラリー6

金融リスクの理論
—経済物理からのアプローチ—

29536-7　C3350　　　　A5判　260頁　本体4800円

"Theory of Financial Risks:From Statistical Physics to Risk Management"の和訳。〔内容〕確率理論：基礎概念／実際の価格の統計／最大リスクと最適ポートフォリオ／先物とオプション：基本概念／オプション：特殊問題／金融用語集

早大 葛山康典著
ファイナンス・ライブラリー7

企業財務のための金融工学

29537-5　C3350　　　　A5判　176頁　本体3400円

〔内容〕危険回避的な投資家と効用／ポートフォリオ選択理論／資本資産評価モデル／市場モデルと裁定価格理論／投資意思決定の理論／デリバティブズ／離散時間でのオプションの評価／Black-Scholesモデル／信用リスクと社債の評価／他

上記価格（税別）は2005年8月現在